W0053901

dtv

Theresa Selig

Wer Ja sagt, muss auch Onkel Horst einladen

…und andere Hindernisse
auf dem Weg zur Märchenhochzeit

Mit Illustrationen
von Lisa Hartung

Deutscher Taschenbuch Verlag

Für Sebastian

Ausführliche Informationen über
unsere Autoren und Bücher
finden Sie auf unserer Website
www.dtv.de

Originalausgabe 2010
2. Auflage 2010
© Deutscher Taschenbuch Verlag GmbH & Co. KG,
München
Das Werk ist urheberrechtlich geschützt.
Sämtliche, auch auszugsweise Verwertungen bleiben vorbehalten.
Umschlagkonzept: Balk & Brumshagen
Umschlaggestaltung: Lisa Hartung
Satz: Stefan Krickl im Verlag
Gesetzt aus der Berling 10,25 / 13 p
und der Lauren Script
Druck und Bindung: Druckerei C.H. Beck, Nördlingen
Gedruckt auf säurefreiem, chlorfrei gebleichtem Papier
Printed in Germany · ISBN 978-3-423-21197-0

Inhalt

Vorwort
Wenn schon, dann richtig

$\mathcal{D}$as Schöne an Hochzeiten ist, sofern es sich nicht um
die eigene handelt: Alles ist so herrlich bequem – außer,
man wurde im Vorfeld zum Trauzeugen oder Diashow-
Moderator berufen. Man futtert sich auf Kosten anderer
durch einen Tag, an dem das Brautpaar seit Monaten
bis ins letzte Detail gefeilt, gebastelt, poliert und retu-
schiert hat. Wenn an diesem Tag Fehler passieren, ist
das höchstens schlimm für das Brautpaar. Den Gästen
macht das gar nichts, im Gegenteil: peinliche Verwandte, betrunkene Schulfreunde, linkische Arbeitskollegen,
und man selbst mittendrin – toll: eine Show, die unbe-
teiligte und bisher unverheiratete Hochzeitsgäste ganz
ungeniert nutzen, um innerlich dem eigenen Geschmack
zu huldigen: »Wenn ich mal heirate, dann wird das alles
ganz anders.«

Nämlich: viel schöner, entspannter, unpeinlicher, gla-
mouröser. Es gibt während einer Hochzeit so viele Ge-
legenheiten, dem überheblichen »Ich mache alles anders«-Gedanken zu frönen: Wenn der Brautvater eine
biedere Rede hält; wenn eine Showband namens »Twix
and the Riders« beginnt, ihre Instrumente aufzubauen;
wenn nach dem Gottesdienst eine der weißen Tauben
vom »Hochzeitstauben-Service« nicht wie geplant mit
ihren Kollegen in den Himmel emporsteigt, sondern

der Braut erst mal aufs Kleid kackt; wenn Onkel Horst mit einer riesigen Videokamera vor dem Gesicht und Heinz-Sielmann-mäßig auf dem Boden robbend die Gäste beim Essen filmt; wenn die Braut auf den Bildern des halbstündigen Diavortrags der Schulfreundinnen feste Zahnspange, ausgewaschene Karottenjeans und eine betonierte Haartolle trägt.

10 Und dann wird man plötzlich von diesen Gedanken eingeholt. Es kommt der Tag, an dem tatsächlich alles besser gemacht werden muss. Den vielen Sätzen, die mit »Also, wenn ich irgendwann mal heirate, dann …« begonnen haben, müssen Taten folgen. Auch bei mir war »irgendwann mal« plötzlich da. Mein Freund Johannes hat mir nach sieben Jahren Zusammensein einen Heiratsantrag gemacht. Innerhalb dieser sieben Jahre habe ich mich durchaus mit dem Gedanken an meine eigene Hochzeit beschäftigt. Meist handelte es sich dabei allerdings um einen eher utopistischen Ansatz, einen Mix aus Größenwahn und Wunschdenken, Schloss Neuschwanstein spielte dabei eine nicht unerhebliche Rolle. Erst als es plötzlich aktuell wurde, begann ich mich ernsthaft zu fragen, wie ich diesen Tag verbringen möchte. Wenn zwei Menschen heute beschließen zu heiraten, dann tun sie das in aller Regel freiwillig und weil sie sich sehr lieben und immer zusammenbleiben wollen. Und durchaus auch, weil sie Lust auf ein besonderes Fest haben. Ein Hochzeitsfest ist anders als andere Feste, es ist im Idealfall eine einmalige Sache. Wahrscheinlich haben wir deshalb so große Erwartungen an diesen einen Tag und setzen uns selbst so unglaublich unter Druck: Man hat nur eine einzige Chance, alles richtig zu machen. Ich

jedenfalls nahm mir vor, die denkwürdigste Party meines Lebens zu feiern.

Und schon bald dämmerte mir, dass ich damals als überheblicher Hochzeitsgast einiges nicht bedacht hatte:
1. In jeder Familie gibt es mindestens einen Onkel Horst.
2. Ich trug in der siebten Klasse zwar keine feste Zahnspange, dafür aber ein ellipsenförmiges Brillengestell aus pink-türkis marmoriertem Kunststoff.
3. Neuschwanstein liegt ein bisschen weit draußen.
4. Nachdem am Ende jeden Monats die Spannung steigt, ob ich den Dispo diesmal knacke oder nicht: Neuschwanstein könnte ein bisschen teuer sein.

Was ich also sagen will: Anspruch und Wirklichkeit unter einen Hut zu bringen wurde mein Projekt für das Jahr, das dem Heiratsantrag von Johannes folgen sollte. Darüber, was nach dem Antrag alles passierte, habe ich jede Woche in meiner Kolumne »Ich will« auf www.jetzt.de berichtet. Es passierte nämlich eine ganze Menge. Anflüge von Panik galt es in den Monaten vor der Hochzeit genauso zu unterdrücken wie den Gedanken, ob es nicht besser gewesen wäre, ganz allein in einer einsamen kleinen Waldkapelle fernab jeglicher Zivilisation zu heiraten. Wer ein großes Hochzeitsfest plant, der muss irgendwann einsehen, dass man das nicht für sich selbst tut und dass das mit dem schönsten Tag im Leben vielleicht stimmt, es aber vor allem auch einer der stressigsten Tage im Leben ist. Völlig entspannt sind in der Regel vor allem die Gäste.

Ich hatte Angst, auf meiner Hochzeit so zu enden wie Geburtstagskinder im Kindergartenalter auf ihrer eigenen

Fete. Aufgeputscht vom langen Im-Mittelpunkt-Stehen, Topfschlagen und Wattepusten wälzt sich das Geburtstagskind irgendwann am Nachmittag, wenn die Party ihren Zenit überschritten hat, mit glühendem Kopf brüllend und heulend auf dem Boden. So war es zumindest früher auf den Geburtstagsfeiern, denen ich als Kindergartenkind beiwohnte.

Von all den großen Erwartungen, die man an sich selbst und diesen einen Tag stellt, kann man schon einen glühenden Kopf bekommen. Es geht schließlich um einen der wichtigsten Tage im Leben. Und damit niemand wie ein überanstrengtes Geburtstagskind endet, sondern Contenance und gute Laune bewahrt, gibt es dieses Buch. Um alle, die eine Hochzeit planen, zu beruhigen: Der Wahnsinn ist ganz normal.

Kapitel 1

Eine Art Antrag

*M*einem Magen geht es ziemlich schlecht. Ich war gerade in einem Fischrestaurant. Ein Fischrestaurant, das
seinen Namen sehr ernst nimmt, denn es gibt in diesem
Lokal ausschließlich Fisch zu essen. Fischsuppe, Fischfri-
kadellen, Fischcarpaccio, Fischplatte für zwei mit Fisch
als Beilage. Einziges Nicht-Fisch-Element war ein Viertel
Zitrone.

Auf jeden Fall ist das mit meinem Magen ungünstig,
denn ich sitze am Ufer eines sehr hübschen italienischen
Sees auf einer kleinen Mauer. Neben mir sitzt Johannes,
mein Freund. Er sagt romantische Dinge, schon eine
ganze Zeit lang. Ich bin nicht so gut im Multitasking,
im Moment verdaue ich in erster Linie Fisch. Deshalb
höre ich nicht so genau hin. Ich denke vielmehr darüber
nach, ob es auch so etwas wie ein Fleischrestaurant geben
könnte, mir zumindest ist bisher noch keines untergekom-
men. Johannes redet weiter. Nette Sachen sagt er, »schon
so lange zusammen« und »wunderschöne gemeinsame
Zeit«. Jaja, ganz reizend, find ich auch, alles sehr schön.
Können wir vielleicht gerade mal nicht reden und einfach
nur hier sitzen? Dann sagt er: »Und deswegen wollte ich
dich was fragen.«

Oh! Oh, oh, oh, oje. Langsam, ganz langsam setzt sich
in meinem Gehirn etwas zusammen. Johannes nestelt ein

bisschen umständlich an seiner Hosentasche herum und zieht ein ziemlich hässliches Ding hervor, eine winzige herzförmige Pappschachtel. »Und da wollt ich halt fragen, ob, na ja, also, ob wir vielleicht heiraten wollen?«

In meinem Kopf passieren jetzt viele Dinge gleichzeitig: Ha! Ein Antrag, und noch dazu an einem hübschen italienischen See, wie romantisch! Oh Gott, wie krass, was sag ich denn jetzt? Wir haben noch nicht mal zusammengewohnt, und jetzt heiraten? Johannes ist, Entschuldigung, ein Freak, was Ordnungsdinge betrifft – kann ich mit jemandem leben, der die feuchte Duschmatte auf dem Badezimmerboden liegen lässt? Heiraten bedeutet ja auch Zusammenziehen, oder? Mist, hätte ich mir damals doch das Brautkleid von Viktor & Rolf bei H & M kaufen sollen. Ha! Ich werde mir das Kleid von Grace Kelly nachschneidern lassen! Krass. Ich kann dann also nie wieder mit einem anderen Mann Sex haben?

Während ich all das denke, muss ich ja irgendwas sagen, damit keine zu große Pause entsteht. Weil ich aber noch nicht genau weiß, was, kommen Viertel- und Achtelsätze aus mir raus.

»Ja, ach, hm, ist ja toll, ooooooh.« – »Ja, das ist ja 'n Ding, äh ... «

Johannes ist ein bisschen irritiert jetzt.

»Och, ähm, ja, also, warum nicht«, sage ich.

»Also das heißt ja, oder wie?«, fragt Johannes, ein bisschen verstört und ein bisschen verärgert und ein bisschen erleichtert. Ich stottere weiter. »Och, ja klar, warum nicht, also ... «

»Willst du mal den Ring probieren? Ist ein Erbstück, der Verlobungsring meiner Mutter«, sagt Johannes, um etwas

Schwung in dieses Gespräch zu bringen. Seine Mutter hat offenbar schmalere Finger als ich, denn wir kriegen den Klunker mit den vielen roten Steinen nicht über die dicke Mitte von meinem Ringfinger. Pah. Den hätte ich eh' nicht getragen, denke ich. »Den lassen wir zu Hause weiter machen«, sagt Johannes. Etwas beleidigt stecke ich den Ring wieder in die herzförmige Pappschachtel, aus der er ihn rausgeholt hat. »Die war nur für den Transport«, sagt er genervt, als er meinen Blick auf die Schachtel sieht.

Wir gehen zum Auto und kichern die ganze Zeit leicht blöde. Besser gesagt, ich. Auf der Fahrt zum Hotel sagen wir abwechselnd Sachen wie »Krass!« und »Wow!«. Auf der Terrasse unseres winzigen Hotels bestellen wir so lange Prosecco Aperol, bis der Kellner die Bar zumacht.

Als ich im Bett liege und das Licht aus ist, fahren meine Gedanken Schneeexpress. Was bedeutet das jetzt? Mit Johannes bin ich seit über sieben Jahren zusammen. Inklusive einer Trennung. Klar hab ich manchmal daran gedacht, dass wir vielleicht mal heiraten könnten. Theoretisch. Zumindest ist er ohne die leiseste Konkurrenz der erste Junge, bei dem ich mir das immer vorstellen konnte. Heiraten ist so ein großer Schritt, will ich ihn wirklich schon gehen? Hurra, Hochzeit! Sicher sehe ich vor dem Altar ähnlich grandios aus wie Sissi. Und meine Schleppe wird von wenigstens acht in rosafarbenes Bonbonpapier gehüllten Mädchen getragen. Mit diesem Gedankenwirrwarr schlafe ich irgendwann erschöpft ein. Wahnsinnig anstrengend, so ein Heiratsantrag.

Kapitel 2
1968 ist vorbei

*E*cht? Ist ja toll, nimmt Johannes dann den scharfen Florian?«, brüllt meine Freundin Nina begeistert ins Telefon. Ich habe Nina gerade erzählt, dass ich heiraten werde, und gefragt, ob sie meine Trauzeugin sein will. Und Nina sieht ganz uneigennützig Chancen, in dieser Funktion dem scharfen Florian im Zuge der Hochzeitsparty-Organisation von Trauzeugin zu Trauzeuge näherzukommen. Ich fürchte nur, der scharfe Florian wird gar nicht Trauzeuge von Johannes. Er ist zwar scharf, aber für Johannes ist das vermutlich nicht das entscheidende Kriterium.

Ich posaune die Nachricht von meiner Verlobung natürlich freudig heraus. Alle Freunde sind begeistert, freuen sich sehr und malen sich vor allem das feine Fest aus, auf dem sie bis zum Mittag des nächsten Tages zu feiern gedenken. Was meine Eltern betrifft: Zumindest meine Mutter reagiert so, wie man es von Müttern erwartet. Sie ist ein bisschen gerührt am Telefon und sagt: »Ach. Toll. Jaja, der Johannes. Da hab ich immer gedacht, dass das was Festes ist.«

Mein Vater gibt sich da weniger euphorisch. Er verbringt seine Zeit, seit er in Rente ist, vornehmlich damit, mit seinem alten Studienfreund Rainer zu Attac-Kongressen zu reisen, auf Attac-Demonstrationen für Menschenrechte und gegen Ausbeutung durch Globalisierung zu marschieren und bis tief in die Nacht über Bücher wie

›Zufall und Notwendigkeit. Philosophische Fragen der modernen Biologie‹ zu diskutieren, dabei schweren Rotwein zu trinken und filterlose Gitanes zu rauchen. Seine Studienzeit im Sechziger-Jahre-München stelle ich mir ungefähr so vor wie in ›Zur Sache, Schätzchen‹.

Auf jeden Fall reicht meine Mutter den Hörer weiter. Papa kichert ins Telefon und sagt: »Soso, verlobt. Macht man heute wieder so, ja?« Ich bin ein bisschen beleidigt. Es gibt Themen, für die gilt die einfache Regel: Man selbst darf lästern, allerdings ist es nicht erwünscht, dass Gesprächspartner das ebenso tun. Die eigenen Geschwister sind bei vielen so ein Thema. Und bei mir, das merke ich gerade, ist es meine Hochzeit. Papa erzählt, wie das bei Mama und ihm war damals, natürlich keine Kirche, da beide aus der Kirche ausgetreten waren. Also Standesamt, und abends eine riesige Party auf dem Dachboden des alten Bauernhofs, auf dem meine Eltern zusammen mit allerlei Tieren wohnten.

Das passte damals bestimmt gut in die Zeit, Ende der sechziger Jahre, eine Generation, die langsam begann, sich gegen die Elterngeneration aufzulehnen, mit deren Werten und Konventionen brechen wollte. In diesen Zeiten der Rebellion gegen das spießige, verstaubte und reaktionäre Nachkriegsdeutschland ging eine klassische Hochzeit natürlich nicht gerade als Avantgarde durch. Das ist aber mehr als vierzig Jahre her. Es gibt einiges, woran ich merke, dass heute eben nicht mehr 1968 ist. Mein Vater zum Beispiel verachtet Udo Jürgens auf das Schärfste und ist immer fassungslos, wenn ich behaupte, dass das doch eigentlich einer der Liedermacher deutscher Sprache und ›Griechischer Wein‹ gar nicht sooooo übel und noch dazu total gesellschaftskritisch sei.

So ähnlich wie mit Udo Jürgens ist es wahrscheinlich mit dem Heiraten. Unsere Generation hat nicht das Gefühl, sich vom Mief der Vergangenheit abgrenzen und das durch Dachbodenhochzeitspartys unterstreichen zu müssen. Nörgler reden dann natürlich gleich von der »angepassten Generation«, die sich für nichts mehr engagiert und von einer Sehnsucht nach einer heilen Welt getrieben auf wertkonservativ macht, aber ich sehe das so: Ich brauche diese Hochzeit nicht als Versorgungsgarantie, und sie dient auch nicht der Erfüllung bestimmter Rollenklischees. Sie ist ein Symbol dafür, dass man sich sehr liebt und für immer zusammenbleiben will.

Papa am Telefon jedenfalls besänftigt mich, ich solle das so machen, wie ich es schön finde. Als Johannes und ich ein paar Tage später zu Besuch kommen, hat Papa selbst gemachte Miniquiches und eine Flasche Moët & Chandon arrangiert. Abends gehen wir in einen ganz wundervollen Biergarten, trinken Weißbier und essen Steckerlfisch. Meine Schwester ist mal kurz verschwunden, und als sie zufrieden wieder am Tisch sitzt, sagt Lenz, der Alleinunterhalter klassischer Schule mit dem Midi-Keyboard: »Und die nächste Nummer spiele ich für den Johannes und die Theresa«. Dann spielt Lenz ›Ti amo‹ von Howard Carpendale. Es ist schon dunkel, an hunderten Tischen leuchten Lampions, Lenz spielt sein Lied, und ich finde das alles sehr romantisch. Später gehe ich mit Johannes zu Fuß durch die laue Sommernacht nach Hause. Dabei merke ich, dass ich ziemlich glücklich bin. Und das mit dem Heiraten fühlt sich sehr richtig an. Eine große Party und die Liebe: Das sind zwei wirklich gute Gründe fürs Heiraten, finde ich.

Kapitel 3
Eine Angst-Liste

*I*ch freue mich sehr auf meine Hochzeit. Wirklich sehr. Ich
bin aber auch ein bisschen überfordert. Es gibt jetzt unheimlich viel zu organisieren. Ohne wesentliche Übertreibung
kann man sagen, dass ich der größte Listenfan der Welt bin.
Bereits als Neunjährige dokumentierte ich penibel, welche Lebensmittel im Haushalt fehlten. Diese Zettel, auf
denen ich »Speisestärke, Rinder-Brühwürfel, Soßenbinder
(dunkel)« notierte, verstaute ich unter meiner Weltkugel-
Schreibtischunterlage, nur manchmal holte ich sie hervor
und las sie mit sorgenfaltenzerfurchter Kinderstirn durch.
Was für tiefere Gründe dieser Tick hatte (Erklärung meiner
psychologisch bewanderten Freundin Nina: Sandwichkind-
Kompensation – Entwicklung auf Selbstversorgung abzie-
lender Zwangsneurosen), ist fraglich. Fest steht: Ich bin gerade schon wieder ziemlich zwangsneurotisch unterwegs,
denn meine Liebe zur Liste ist ungebrochen und seit dem
Heiratsantrag stark entbrannt.

Eine ganz wichtige Liste ist für mich die »Davor-habe-
ich-Angst«-Liste.

1) Der Junggesellinnenabschied
Ich finde es befremdlich, nachts auf Horden stark angetrun-
kener Mädchen zu stoßen, von denen eine ein T-Shirt mit
»Jetzt ist Schluss mit lustig«-Aufdruck trägt und die anderen

mit Federboas und anderen verrückten Spaßartikeln ausgestattet sind. Diese Gruppen würdigen mich keines Blickes und integrieren männliche Begleiter in Spiele, die wahlweise die Elemente Schnapstrinken oder Kondome-aufblasen-und-über-den-Kopf-Stülpen beinhalten. Befremdlich finde ich auch, dass Männer das immer ziemlich lustig finden.

24 | *2) »Witzige« Hochzeitsspiele*
Auf der Website einer Frauenzeitschrift habe ich mich aus gegebenem Anlass in das sehr ausführliche Hochzeits-Ressort verirrt. Unter der Rubrik »Mit diesen Hochzeitsspielen bringen Sie das Fest in Schwung!« werden Anleitungen zu allerlei Aktivitäten gegeben, die mir einen Abbruch des Festes wert wären. Bei einem Spiel namens »Autorennen« »zeigt das Ehepaar, wie gut es aufeinander eingespielt ist«. Der Ehemann »muss sich auf einem lustig aussehenden Gefährt, zum Beispiel einem Dreirad oder Kindertrecker, mit verbundenen Augen durch einen Parcours bewegen. Dabei wird er von der Ehefrau mit Anweisungen unterstützt.« Besonders besorgniserregend: »Denken Sie daran: In der Kürze liegt die Würze. Planen Sie je nach Spiel maximal eine halbe Stunde ein.« Notiz auf der To-do-Liste: Nachdenken über zarte Formulierung auf der Einladungskarte, die auf absolutes Spielverbot hinweist.

3) Originelle Hochzeitsgeschenke
Folgendes ereignete sich auf der Hochzeit eines befreundeten Paares: »24 – 28 weiße Hochzeittauben und eine zahme weiße Taube auf der Hand der Braut, die sitzen bleibt ohne Festhalten«, wie es auf der Homepage vom »Hochzeittaubenservice« heißt, warteten vor der Kir-

che, in zwei Käfigen zusammengepfercht. Daneben ein vor Stolz platzender Onkel, der mit zittriger Stimme ein Gedicht vorlas, bevor die Tauben unschlüssig aus den Käfigen flatterten und sich ziemlich unspektakulär vom Acker machten.

4) Lustige Partyspäße
Auf der Hochzeit meiner Cousine Angela schoss ein Gast mit Konfetti auf das Brautpaar, als es aus der Kirche kam, statt Reis zu werfen. Ich habe das mal recherchiert. Bei Amazon gibt es eine »Hochzeits-Konfetti-Pistole« zu kaufen. Kunden, die diesen Artikel angesehen haben, haben auch folgende Artikel gekauft: Piratenhut, Trend-Perücke Caribic, Krummsäbel, »Stiefelgamaschen deluxe« und die Pokemon-Diamantedition.

Hm. Die Pokemon-Diamantedition. Ich finde, das alles berechtigt durchaus zur Sorge. Meinen Freunden traue ich Konfetti-Pistolen und Spiele, die einen Kindertrecker beinhalten, eigentlich nicht zu. Bei Verwandten darf man sich nie sicher sein. Die Angst-Liste könnte auf jeden Fall noch länger so weitergehen. Aber vielleicht denke ich jetzt lieber über den neuen Punkt auf der To-do-Liste nach: zarte Formulierung auf der Einladungskarte, die jegliche Überlegungen in Richtung der eben beschriebenen Projekte im Keim erstickt.

Kapitel 4
Gott hat Bock auf jeden

$\mathcal{E}$ine wichtige Entscheidung, die es jetzt zu treffen gilt,
ist: Kirche oder Standesamt? Seit einiger Zeit entscheiden
sich viele auch für eine »freie Trauung«, bei der ein Theologe
versucht, Standesbeamter und Pfarrer in Personalunion zu
sein. Die Idee gefällt mir nicht so gut, sie wirkt ein bisschen
bemüht. Wer nicht in die Kirche will, der soll sich mit dem
spröden Charme des Standesamtes anfreunden, finde ich.
Ach, andererseits, ich kann das schon gut verstehen, wenn
man bei der Suche nach einem Ausweg aus dem Konflikt,
ein weißes Kleid anziehen, aber nicht in der Kirche heiraten
zu wollen, beim freien Theologen landet. Weiße Tüllbombe
in trüben Verwaltungsgebäuden passt nicht so recht.

Ich war mal bei so einer alternativen Trauung dabei. Da las
ein dünnes Männchen mit fränkischem Akzent aus einem
noch dünneren Ordner vor, in dem mehrere abgegriffene
Prospekthüllen abgeheftet waren. Feierlich war mir da
nicht zumute, aber vielleicht lag das ja am holzernen kleinen Mann.

Bei uns ist es so: Johannes ist katholisch, ich bin evangelisch. Johannes möchte gerne katholisch heiraten. Dass
ich überhaupt getauft wurde, war eine Art Notlösung.
Meine Eltern, beide aus der Kirche ausgetreten, hatten
Angst, ihre Kinder könnten, falls konfessionslos, im dörf-
lichen Bayern gesteinigt oder anderweitig an den Pranger

gestellt werden, und veranstalteten kurz vor der Grundschule eine Massentaufe: alle Geschwister in einem Aufwasch. Im Nachhinein glaube ich ja, dass die Aktion eine Entscheidung zwischen Pest (konfessionslos) und Cholera (evangelisch) war, denn in der Schule war es immer so: Sämtliche nicht-katholischen Kinder aller Klassen, das waren insgesamt ungefähr drei, mussten ein Mal pro Woche in den Keller, zum evangelischen Religionsunterricht. Und jedes, wirklich jedes Mal gab Frau Schimmelpfennig, Deutschlehrerin und katholische Religionslehrerin in Personalunion, die Hausaufgaben im Anschluss an die katholische Religionsstunde auf. Was dazu führte, dass ich, ein ziemlicher Streber, jedes Mal heulend einem Kindkollegen hinterherhetzte, um mir die Hausaufgaben zu notieren.

Ich hasste es damals, evangelisch zu sein. Als dann auch noch in der dritten Klasse ausnahmslos alle Mädchen außer mir mit ihren Müttern tortenförmige Tüllbomben-Kommunionkleider (mit Reifrock!) erstanden, war es um mich geschehen. Ich heulte, wälzte mich auf dem Boden und flehte meine Mutter an, mich umtaufen zu lassen. Mama zeigte nicht ausreichend Verständnis, fand ich damals. Das letzte Mal in der Kirche war ich, Hochzeiten und Beerdigungen ausgenommen, bei meiner Konfirmation. Ich habe nun also, wie ich finde, berechtigte Zweifel daran, ob das so eine gute Idee ist, in der katholischen Kirche zu heiraten, wenn ich nicht mal meine Pflichten als Protestantin ernst genommen habe. Das alles gebe ich zu bedenken, und Johannes sagt: »Gott hat Bock auf jeden!«

Ich weiß, woher er das hat. Mit acht oder neun war ich auf evangelischer Jugendfreizeit. Man aß verkochte Spaghetti bolognese von Plastiktellern, einige weinten viel und machten ins Zelt. Tagsüber batikte man T-Shirts und komponierte Lieder mit religiöser Botschaft. An eine Nummer erinnere ich mich noch: Zur Melodie von ›Lady in Black‹ hatten wir folgende Lyrics geschrieben: »Josef hatte einen Traum, er wollte ein Mal König sein (reimt sich fast), seine Brüder lachten ihn aus und sagten ›Josef, geh nach Haus‹ (reimt sich total). Aaaaahaaaaaaaaaaahaaaaah«. Na ja, und so weiter.

Nun, und abends saß man ums Lagerfeuer und sang Lieder aus einem Liederbuch namens ›Eumel‹. ›Eumel‹ war damals Standardlektüre, der ›Fänger im Roggen‹ des Zeltlagers sozusagen. Jemand spielte Gitarre und ich sang mit, obwohl ich die Texte nicht verstand. Lieder wie ›Der Nippel‹ von Mike Krüger und ›Lauda tu si‹, von dem ich heute weiß, dass es ›Laudato si‹ heißt. Aber ich schweife ab: Warum mir ›Eumel‹ wieder eingefallen ist: Ich bin mir sicher, in der katholischen Jugend von Johannes gab es auch Zeltlagerfreizeiten, und ›Gott hat Bock auf jeden‹ ist ganz sicher eine Nummer aus dem ›Eumel‹. Eine etwas rockige und dennoch softe Nummer, glaube ich. Das würde gut passen.

Das Problem ist: Ich weiß beim besten Willen nicht, ob Johannes recht hat. Klar, sagt Johannes, Gott freut sich, wenn junge Menschen sich in der Kirche zueinander bekennen, dafür muss man nicht religiös sein, ich müsse mir keine Sorgen machen. Weil Johannes gerne möchte, habe ich also ja zur katholischen Trauung gesagt. Ganz ehrlich spielte vielleicht schon der Gedanke mit rein, dass ich in einer entzückenden kleinen Barockkirche einen schwarzweiß gemusterten Marmorgang entlangschreiten werde. Ich finde, die Frage ist deshalb durchaus berechtigt: Hat Gott auch wirklich Bock auf mich? Hat er Bock auf Marmorgang-Sissikleid-Opportunisten?

Kapitel 5
Erkenntnisse im Baumarkt

$\mathcal{S}$ich höchst offiziell und vor über hundert Leuten und
noch dazu in der Kirche gegenseitig zu versprechen, den
Rest des Lebens miteinander zu verbringen, ist schon ein
ziemlich großes Ding, finde ich. Darüber denke ich oft
nach, und manchmal bekomme ich dann Angst. Aber nur
manchmal. Mir ist da nämlich etwas aufgefallen, bestimmt
ist das auch anderen Menschen schon mal so ähnlich passiert, also: Vor ewigen Zeiten, Johannes und ich waren erst
zwei Wochen zusammen, waren wir fürs Kino verabredet (nur nebenbei: Ich schlug ›The Beach‹ mit Leonardo
DiCaprio vor. Johannes glaubte damals noch, mich mit
einem vorgetäuschten Nouvelle-Vague-Filmgeschmack
beeindrucken zu können, und sagte am Telefon: »Hm,
ich weiß nicht, ich bin ja eigentlich eher Cineast.«) Nun,
Johannes erschien jedenfalls vor dem Kino und trug eine
Mütze, die ich unmöglich fand. Ganz und gar schrecklich
fand ich diese Mütze sogar. Dabei hatte die Mütze objek-
tiv betrachtet wirklich nichts Schlimmes getan. Sie war
schwarz und hatte einen kleinen Schirm. Auf jeden Fall
fand ich plötzlich nicht nur diese Mütze, sondern auch
Johannes das Allerletzte.

Erst mit einigem Abstand konnte ich mir diese extreme
Gefühlswallung erklären: Wenn eine Beziehung frisch
ist und man sich noch keine abschließende Meinung

gebildet hat, was eigentlich von ihr zu halten ist, dann reicht manchmal eine winzige Kleinigkeit, um die eigenen Gefühle ins Wanken zu bringen. Weil sich die Unsicherheit mit geballter Ladung gegen diese winzige Kleinigkeit richtet. Damals fand ich es beängstigend und nicht ganz normal, dass die Schirmmütze solche Gefühle in mir auslöste. Als ich mich meiner Freundin Lena anvertraute, wusste sie sofort, was ich meinte. Ich war unglaublich erleichtert. In Lenas Fall traf die geballte Ladung ein Jackett mit kariertem Innenfutter.

Lena war erst wenige Wochen mit Alex zusammen, als der sie von der Schule mit seinem schwarzen Golf abholte. Er entstieg also dem schwarzen Golf, und Lena erinnert sich mit Schaudern, wie sie feststellte, dass Alex ein schwarzes Jackett mit kariertem Innenfutter trug. Exakt dieselbe Frage wie bei mir damals vor dem Kino habe da in ihrem Kopf gewütet, sagte Lena: Du kannst doch nicht im Ernst mit jemandem zusammen sein, der ein Jackett mit kariertem Innenfutter trägt!

Mit der Geschichte von der Mütze und dem Innenfutter will ich auf Folgendes hinaus: Es ist ein tolles Gefühl, irgendwann zu merken, dass solche Vorfälle nicht mehr die Macht haben, einen aus der Bahn zu werfen. Es gibt auch heute immer mal wieder Momente, in denen ich Johannes schrecklich finde und mich schäme. Neulich im Baumarkt: Nach einer dreiviertelstündigen Farbpröbchen-palette-Überprüfung, nach der wirklich alle Mint- und Lindgrün-Töne identisch aussahen, entschied ich mich willkürlich für eine Farbe aus der »dezente Farben«-Palette. (Die anderen Paletten hießen »sanfte Farben«, »Pastell-Farben« und »zarte Farben«.) Im Baumarkt funktioniert das ja so: Man teilt einem Mitarbeiter die Nummer des ausgewählten Farbtons mit. Der Mitarbeiter kippt daraufhin bunte Farbe in einen Eimer mit weißer Farbe. Dann stellt er diesen Eimer in eine Maschine. Die fängt an, sehr stark zu vibrieren und zu ruckeln, sodass sich die weiße Farbe und die bunte Farbe vermischen.

Und da sagte Johannes zu unserer missgelaunten Farbmischerin, die hinter der Theke stand und offensichtlich keine Lust hatte, mit Menschen, und noch viel weniger mit Kunden, in Kontakt zu treten, also zu dieser Frau sagt Johannes mit Blick auf die ruckelnde Maschine: »Geschüttelt, nicht gerührt, was? Haahaaaaaaaa!«

Früher hätte ich ernsthaft darüber nachdenken müssen, ob die Beziehung zu einem Jungen, der solche Witze macht, überhaupt eine Chance hat. Johannes war noch Minuten später, als die Farbenfrau uns längst wortlos den Farbeimer über ihre kleine Theke geschoben hatte, stolz auf seinen Witz. Auf dem Weg zur Kasse musste ich gegen meinen Willen grinsen. Und zweifelte ganz und gar nicht, obwohl der Spruch natürlich viel schlimmer war als die Mütze mit dem kleinen Schirm. Das ist es, was mir beim Nachdenken in letzter Zeit aufgefallen ist: dass sich diese Gelassenheit und diese Sicherheit, die sich in vielen Jahren entwickelt haben, ziemlich großartig anfühlen.

Kapitel 6
Von wegen erwachsen

*H*eiraten, das klingt so erwachsen und souverän. Seltsam, dass sich das aber gar nicht so besonders erwachsen
anfühlt in letzter Zeit. Es fühlt sich eher ein bisschen an
wie früher, als meine Mutter jeden Tag beim Frühstück
sagte, dass ich von diesen kurzen Pullovern garantiert
bald eine Nierenbeckenentzündung bekommen würde.
Zum Beispiel letztes Wochenende: Ich sitze hinten im
Auto, vorne meine Eltern; wir sind auf dem Weg in ein
Restaurant, zum Unsere-Eltern-lernen-sich-kennen-Tref-
fen. Denn obwohl Johannes und ich seit mehr als sieben
Jahren zusammen sind, konnten wir ein Aufeinandertref-
fen bisher vermeiden. Das hier wird nun leider ein Unse-
re-Eltern-lernen-sich-kennen-Treffen ohne Johannes. Der
ist nämlich ganz kurzfristig krank geworden. Sagt er.

Mama: »Also ich würde gerne, wie heißen die Eltern
vom Johannes noch mal, Theresa?«

Ich: »Konrad und Margret.«

Mama: »Also, ich würde Konrad und Margret heute
Abend gerne einladen.«

Papa *(leicht genervt)*: »Wieso das denn, das kommt doch
total großkotzig rüber.«

Mama *(leicht beleidigt)*: »Schließlich haben wir das mit
dem Treffen angeregt, ich finde, dann gehört es sich auch,
dass wir einladen.«

Papa: »Also ich fände das an deren Stelle irgendwie seltsam, ich würde mir überrannt vorkommen. Vielleicht wollen die gar nicht eingeladen werden.«

Mama: »Na, muss ja auch nicht deine Sache sein. Ich werde auf jeden Fall bezahlen.«

Papa: »Theresa, was meinst denn du?«

Ich *(genervt)*: »Oh Mann, ist doch total egal, das wird sich dann schon ergeben, muss man sich doch jetzt noch keinen Kopf machen.«

Mama: »Finde ich schon. Was mir auch so ein bisschen Sorge macht, da habe ich zurzeit öfters drüber nachgedacht: Wie machen wir das denn mit den Kosten für die Hochzeit? Nicht, dass wir alles bezahlen müssen.«

Ich *(leicht genervt)*: »Mein Gott, wieso solltet ihr?«

Mama: »Na ja, es gibt doch diese Tradition, dass die Eltern der Braut...«

Ich *(genervt)*: »Maaaaaamaaaaaa, das ist doch totaler Blödsinn, in welchem Jahrhundert lebst du denn bitte? Ist doch klar, wir teilen die Kosten!«

Mama *(pikiert)*: »Also, da wär' ich mir jetzt mal nicht so sicher wie du. Aber ich kann das doch nicht ansprechen. Was mach' ich denn, wenn sie da nicht von sich aus drüber reden?«

Ich: »Na, dann sprichst du es einfach doch an. Ist doch ganz normal.«

Mama: »Hm, ich weiß nicht. Hat Johannes denn mal was dazu gesagt, ob Konrad und Margret was dazu gesagt haben?«

Ich: »Nee.«

Mama: »Hm. Vielleicht mag Johannes das mal ansprechen?«

Ich *(resigniert)*: »Ja, vielleicht, mal sehen, ist doch alles nicht so das große Ding.«

Mama *(an Papa gewandt)*: »Weißt du zufällig, wie das Bernhard und Ingrid damals bei Melanie gemacht haben? Ich glaube, die Schwiegereltern haben alles bezahlt, die sind wohl recht wohlhabend. *(An mich gewandt:)* »Warst du damals eigentlich bei der Hochzeit von deinem Cousin Michael dabei?«

Ich: »Nein.«

Mama: »Da gab es ja einen richtigen Skandal! Reinhard wollte nämlich das Fest bezahlen. Und dann hat die Mutter von Michaels Verlobten das gesamte Dorf auf dem Marktplatz zum Sektempfang eingeladen, und das sollte dann der Reinhard bezahlen, stell dir das mal vor!«

Ich: »Und dann?«

Mama: »Reinhard war, nun ja, nicht so diplomatisch. Er hat gesagt, dass er nicht einsieht, warum sich dreihundert Leute, die er noch nie gesehen hat, auf seine Kosten besaufen sollen. Die Mutter von Michaels Verlobten hatte schon die Einladungen verschickt, und am Ende musste sie das Dorf wieder ausladen. Was für eine Demütigung!«

Ich: »Ein Glück, dass wir nicht das ganze Dorf einladen wollen.«

Mama: »Aber ich meine ja nur, daran sieht man, was für ein sensibles Thema das ist.«

Ich: »Na ja, ich würde sagen, wir teilen alles durch drei, das ist doch gut.«

Mama: »Ach, ich weiß nicht, es wäre doch schon schön für euch, wenn ihr euer Erspartes für etwas anderes nutzen könntet. Zum Beispiel, wenn ihr ein Haus bauen wollt.«

Ich: »Ich will aber gar kein Haus bauen. Ich will eine Altbauwohnung mit Stuck, Dielen, Flügeltüren und schmiedeeisernem Balkon.«

Mama: »Die kann man auch kaufen.«

Ich: »Ich will aber keine Wohnung kaufen. Vielleicht ziehen wir nächstes Jahr schon in eine andere Stadt.«

Mama: »Aber was da an Miete rausgeht, das muss man sich mal vorstellen. Wenn man das Geld in die Raten für eine Eigentumswohnung stecken würde, jetzt wo die Zinsen für ein Darlehen gerade so günstig sind.«

Ich: »…«

Mama: »Ach. Ich finde schon, junge Leute sollten sich früh genug um Wohneigentum kümmern. Mal sehen, was Konrad und Margret gleich dazu sagen!«

Kapitel 7
Wir ziehen zusammen – das Mietercasting

*W*ohnungsbesichtigungen sind eine unangenehme Sache.
Eine Art Mietercasting mit einer lustlosen Ein-Mann-Jury.
Makler sind meist junge Männer mit Gel in der Igelfrisur,
eckigen Brillen und Handygürtel. Aus dem Handygürtel
klingelt es stets dann, wenn man gerade dabei ist, seine eigene kleine Existenz umständlich zum Traum jedes Vermieters
aufzubauschen. Makler sind die Türsteher der Immobilien-
branche: Sie kosten ihre Macht, die ihnen kraft eines öden
Jobs verliehen wurde, genüsslich aus. Bei einer Wohnungs-
besichtigung buhlen alle um die Gunst des Maklers, drücken
sich in seiner Nähe herum, umkreisen ihn wie Hyänen ein
totes Zebra. Wer dieses Spiel nicht mitmachen mag, hat
schon verloren.

Kürzlich musste ich wieder zum Mietercasting. Ich
bin zurück nach Berlin gezogen, zurück zu Johannes. In
unsere erste gemeinsame Wohnung. Und die musste erst
gefunden werden. Also kauften wir am Wochenende dicke Stapel Zeitungen. Und drückten uns, besonders sams-
tags und sonntags, pro Tag zusammen mit bis zu siebzig
weiteren Castingteilnehmern durch Kreuzberger Altbau-
wohnungen.

Johannes hatte davor schon zwei Wochen lang alleine
Wohnungen angeguckt. Abends, wenn wir telefonierten,
war er immer schlecht gelaunt gewesen, und jedes Mal

hatte er gesagt: »Ich hasse Pärchen.« Er meinte damit speziell Wohnungsbesichtigungs-Pärchen. Die seien, hatte Johannes gesagt, noch schlimmer als Ikea-Pärchen. Johannes bekam Albträume von Wohnungsbesichtigungspärchen mit identischen Multifunktionsjacken und prall gefüllten Selbstauskunftsmappen, die sie den Maklern siegesgewiss lächelnd in die Hand drückten. Besichtigungs-Pärchen seien nicht nur für echte Singles, sondern auch für Besichtigungs-Singles Horror, erklärte Johannes.

Nach meiner Ankunft in Berlin löste ich Johannes ab und übernahm wochentags die Rolle des Besichtigungs-Singles. Besonders Angst machten mir jene Pärchen, die die Wohnungen derart siegessicher durchschritten, als hätten sie schon längst den Mietvertrag unterschrieben. Zum Makler sagten sie Sachen wie »Wir überlegen, ob wir den Ofen vielleicht rausreißen und einen Kamin einbauen lassen.« Einander murmelten sie Sätze zu wie »Natürlich, die Flügeltür nehmen wir raus.« Oder: »Die Dielen lackieren wir neu, ist doch klar.« Oder: »Der Pax (Ikea-Kleiderschrank) passt ja super hier hinter die Tür.« Bestimmt gehen diese Pärchen auch pärchenjoggen, dachte ich gramerfüllt.

Ein paar Tage lang sah ich diesem Schauspiel tatenlos zu: Selbstauskunftsmappen, die aus Pärchenhänden in Maklerbesitz übergingen. Dann fasste ich einen Entschluss. Nach einigen Telefonaten und einem Besuch im Copyshop hatte ich gesammelt: zwei Schufa-Auskünfte, zwei Mietschuldenfreiheitsbescheinigungen, zwei aktuelle Gehaltsabrechnungskopien, zwei Personalausweiskopien. Und ein Deckblatt. Ich war zu einem Mappenpärchenbestandteil geworden.

Als ich wenig später in einer Wohnung stand, von der ich wusste, dass sie unsere werden sollte, sagte ich zum Makler: »Ich interessiere mich wirklich sehr für die Wohnung, ich würde sie sehr gern noch meinem Verlobten zeigen. Mein Verlobter ist beruflich sehr viel unterwegs, ein Termin morgens vor acht oder abends nach sieben Uhr wäre prima. Vielleicht möchten Sie einfach schon mal unsere Unterlagen mitnehmen?« Ich bin mir sicher, dass das Mädchen, das schräg hinter mir stand und darauf wartete, ebenfalls mit dem Makler zu sprechen, mich aus tiefster Seele verabscheute. Konnte ich gut verstehen. Ich schämte mich und überreichte die Mappe, die mich und meine Pärchenhälfte als Vermietertraum auswies.

Was soll ich sagen: Am Abend rief der Makler an und sagte, wenn meinem Verlobten die Wohnung gefallen sollte, dann stünde von seiner Seite aus einer Zusage nichts im Wege. Eine Frage, die mich seither moralphilosophisch beschäftigt: Ist es in Ordnung, manchmal ein Verhalten an den Tag zu legen, das man selbst zutiefst unsympathisch findet, wenn man dadurch einem wichtigen Ziel näher-kommt? Zum Beispiel einer Wohnung mit Stuck-Engel-chen und Schnörkelbalkon?

Kapitel 8
Brautkleid kaufen
(Teil 1)

In der Stadt, in der ich zur Schule ging, gab es ein Braut- modengeschäft, an dessen Schaufenster meine Freundin Nina und ich auch heute noch, wenn wir zu Besuch bei unseren Eltern sind, gerne vorbeigehen. Dann spielen wir das gleiche Spiel, das wir seit der fünften Klasse spielen. Das Spiel geht so: Wenn du nächste Woche heiraten müsstest, welches Kleid würdest du am ehesten anziehen? Denn die Schaufensterpuppen tragen bis heute Kleider von ausgesuchter Scheußlichkeit. Der Laden hat über die Jahre nichts von seiner Anziehungskraft verloren.

Vielleicht liegt das auch an den vielen Fotos, die im Schaufenster kleben. Fotos von Paaren, denen die Kleider besser als uns gefallen haben und die eines davon gekauft haben. Bräute mit straffen Hochsteckfrisuren, aus denen eine akkurat geringelte Haarsträhne sorgfältig heraussortiert und an der Schläfe entlangdrapiert wurde. Die Frauen sehen aus wie riesige Matronen, was an den mächtigen Sahnebonbon-Kleidern liegen könnte. Die Männer wirken neben den Kleiderkugeln ziemlich schmächtig. Auf den Fotos steht meist ein Holzstoß oder eine Trauerweide oder eine kleine Brücke in der Gegend herum. Oder das Brautpaar turnt ausgelassen im Wasser. Oder das Paar lugt hinter einem Mauervorsprung hervor. Oder der Bräutigam nimmt die Braut huckepack. Man würde diese Fotos wohl in die Kategorie »frech-fröhlich« einordnen. Ich habe mir vorgenommen, auf meinen Hochzeitsfotos einfach herumzustehen und gar nichts zu machen. Egal wie viele Zäune, Mäuerchen, Bäche, Seen und Trauerweiden zur Verfügung stehen.

Ich will natürlich keines der scheußlichen Kleider aus diesem Laden. Und die preiswerteste Variante habe ich bereits ausgeschlagen: Johannes' Mutter wollte mir ihr Hochzeitskleid vererben. Das Kleid verfügt über Trompetenärmel, die so groß sind, dass ich darin unbemerkt einen kleinen Fernseher aus dem Elektronikfachmarkt schmuggeln könnte. Johannes' Mutter sagte, sie wolle keinesfalls so eine Schwiegermutter sein, die die Verlobte ihres Sohnes in Bedrängnis und Verlegenheiten bringt, sie wolle es ja nur mal anbieten. Dann führte sie mich ins Schlafzimmer, wo das Kleid bereits fertig ausgepackt auf mich wartete. Und brachte mich in Bedrängnis und Verlegenheiten. Ich suchte nach netten Worten, um dem Trompetenärmelkleid zu entgehen. Ich würde gerne ein schulterfreies Kleid anziehen, deshalb könne ich leider nicht auf das Kleid zurückgreifen, sagte ich. Das Kleid könne man ja ändern, sagte Johannes' Mutter. Die Trompetenärmel könne man kurzerhand einfach abschneiden. Mir brach der Schweiß aus. Bis mir das rettende Argument einfiel: Johannes' Schwester werde ja sicher auch mal heiraten wollen. Und es sei doch sehr ärgerlich, wenn die Schwester gerne mitsamt den Trompetenärmeln heiraten würde, diese aber bereits einer meiner Launen zum Opfer gefallen wären. Das Argument überzeugte. Die Trompetenärmel blieben dran.

Ich vereinbarte also Termine für Anproben in Brautmodengeschäften. Brautmodengeschäfte tragen meist

seltsame Namen wie »Le Mariage« oder »Melanie's Braut-
oase«. Und Brautmodenläden sehen alle so aus, als wären sie kein Laden, sondern eine Kulisse für Filme, die
Anfang der neunziger Jahre spielen sollen: Plastikpalmen
und Fliesenboden. Und hunderte von weißen Plastikun-
getümen – die verpackten Brautkleider –, die zum Flair
einer Annahmestelle für die Trockenreinigung beitragen.
Trotz dieser eigentlich ja beruhigenden, weil unglamou- | 47
rösen Atmosphäre war ich vor dem ersten Termin aufgeregt. Ich erinnerte mich an die Szene in ›Pretty Woman‹,
in der Julia Roberts Geld von Richard Gere bekommen
hat, um sich ein schickes Kleid zu kaufen. Damit geht sie
in diese Boutique auf dem Rodeo Drive. Die drei weiß-
blonden Verkäuferinnen sind arrogant und gemein zu ihr
und schmeißen sie wieder raus, weil sie zu dem Zeitpunkt
noch Hot Pants, Hosenträger und Lackstiefel bis übers
Knie anhat. Julia Roberts ist sehr traurig. So ähnlich wie
Julia Roberts in der Szene fühle ich mich vor dem ersten Anprobetermin, obwohl ich eine komplett beinver-
hüllende Hose und keine Lackstiefel trage. Die Frau, die
uns empfängt, ist zwar nicht so gemein wie die Frauen in
›Pretty Woman‹. Allerdings bietet sie uns keinen Prosecco
an, womit wir eigentlich gerechnet haben, sondern be-
fiehlt mir, erst mal Händewaschen zu gehen. Ich schleiche
verschüchtert ins Badezimmer.

Kapitel 9
Brautkleid kaufen, oder zumindest es probieren (Teil 2)

München, erster Laden

Also. Als ich nach dem Händewaschen aus dem Badezimmer trete, drückt mir die Verkäuferin einen Katalog in die Hand. Ich bin enttäuscht. Katalog finde ich doof, ich will die Kleider angucken, sie aus ihren Plastiksäcken zerren, den Stoff begrapschen, wozu habe ich mir denn bitte die Hände gewaschen? Ich deute unschlüssig auf dieses und jenes Modell im Katalog. Jedes Mal sagt die Verkäuferin: »Ja, ganz süß.« Dann greift sie gezielt nach einem Plastiksack. In der Umkleidekabine muss ich eine Korsage anziehen, besser gesagt anziehen lassen, dann werden mir die Kleider übergestülpt. Anschließend arbeitet die Frau ohne Übertreibung zwanzig Minuten lang daran, eine Art Mieder an meinem Rücken zuzuschnüren. Als sie fertig ist, bekomme ich keine Luft mehr, und Nina ist vor der Kabine über der ›Gala‹ eingenickt. Als ich mit rotem Gesicht aus der Kabine stakse, erschrickt sie sich sehr vor dem Tüllungetüm, dann kichert sie und sagt: »Das sieht ja noch bescheuerter aus als mein Kommunionkleid.«

München, zweiter Laden

Im nächsten Laden ist uns ein sehr junges Mädchen behilflich, das stark lispelt und sagt, als ich in ein hübsches Kleid mit Puffärmeln und Paillettenborte geschlüpft bin und mir schön vorkomme: »Ich finde, das macht Sie dick.

Ich hoffe, Sie nehmen mir das nicht übel.« Ich nehme es ihr übel, und ich finde: Verkäuferinnen, die in einem Workshop mal gelernt haben, dass es unglaubwürdig wirkt, immer alles toll zu finden, und sich deshalb immer mal wieder um eine Dosis Ehrlichkeit bemühen, sind schlimm. »Äh, ach ja«, sage ich beleidigt und möchte das rote Samthöckerchen, auf das ich raufturnen musste, um mich im goldgeschnörkelten Spiegel zu bestaunen, verlassen. Dabei verheddere ich mich in der kilometerlangen Schleppe und das lispelnde Mädchen muss mich stützen, damit ich nicht zu Boden gehe. Erschöpft schleiche ich in die Kabine, wo mir das Mädchen das Kleid über den Kopf zerrt. Ich verlasse den Laden durchgeschwitzt und gehe mit Nina statt Prosecco erst mal einige Gläser Rotwein trinken.

Berlin, dritter und letzter Laden
In dem Hochzeits-Newsletter einer großen Frauenzeitschrift, den ich neuerdings abonniert habe, stand zum Thema Brautkleidkauf: »Nehmen Sie Ihre Mutter mit. Oder Ihre beste Freundin. Denn: Alleine zum Brautkleidkauf, das ist schon ein bisschen traurig, finden Sie nicht?« Finde ich nicht, und vereinbare einen Termin für mich allein. Als ich den Laden betrete, bietet sich folgender Anblick: In der Mitte des Raumes befindet sich eine Art Laufsteg. Am Ende dieses Laufstegs hängt ein riesiger Spiegel und an den Seiten warten die Umkleidekabinen. An beiden Seiten des Laufstegs sitzen gut gelaunte Grüppchen vor kalten Getränken. Gerade als ich reinkomme, kommt ein Mädchen mit einem Schleier bis zum Boden aus der Kabine und stolziert den Catwalk entlang. Jemand aus ihrem

Grüppchen ruft: »Mensch, Süße, sieht echt me-ga-geil aus!« Das Mädchen lächelt gütig, dreht sich vor dem Spiegel mehrmals um die eigene Achse und marschiert zurück in die Kabine. Mir wird heiß. Unter keinen Umständen werde ich diesen Laufsteg betreten. Niemand wartet vor einem kalten Getränk auf mich. Meine Brautkleidanzieherin, die sich als Dani vorstellt, ist sehr nett und sucht mit mir Plastiksäcke aus. In der Kabine befindet sich ein | 51 Spiegel. Ich atme auf.

Dani sagt, ich müsse unbedingt einen Schleier anprobieren, und fummelt in meinen Haaren herum. Der Schleier ist so schwer, dass mein Kopf nach hinten gezogen wird. Dani ist euphorisch. »Das sieht so hammergeil aus, du musst unbedingt nach draußen!« Ich komme mir vor wie ein verschüchtertes Kleinkind, das hinter dem Vorhang der Kindergartenbühne steht und sich beim Krippenspiel nicht auf die Bühne traut. Oder wie damals das Mädchen mit dem Bauchansatz in der zweiten Staffel von ›Germany's Next Top Model‹, Sarah, die sich beim Unterwäsche-Shoot als Einzige nicht im »Zwei Piece« (sagte Heidi Klum, gemeint war ein Zweiteiler) fotografieren lassen wollte. »Och, schon o.k., ich krieg hier eigentlich einen ganz guten Eindruck«, sage ich. Dani sagt »Ach, komm« und schubst mich vor den Vorhang.

Ich stolpere auf den Laufsteg und schäme mich schrecklich und weiß nicht, wo ich hingucken soll. Der Anhang links und rechts, von dem keine einzige Person zu mir gehört, unterbricht sein Geplauder und starrt mich an, nur sagt keiner, dass ich hammergeil aussehe. Mein einziger Support ist Dani, die netterweise aus der Kabine hinterherkommt. »Hm, echt schön«, sage ich. »Sorry, aber kannst du vielleicht ein bisschen Platz machen vorm Spiegel, ich will jetzt raus«, ruft da eine ungeduldige Stimme hinter dem Vorhang. Als ich gedemütigt wieder auf dem Kurfürstendamm stehe, entscheide ich mich für einen Trostausflug zu H & M. Und während ich in der heimeligen, großartigen Kabine ein pinkfarbenes Hängerkleidchen für 14,90 Euro anprobiere und mich wahnsinnig gut dabei fühle, weil es keinen Laufsteg gibt und keine Dani, die mich schubsen könnte, fasse ich den Entschluss: Ich werde in einigen Jahren anstatt eines eigenen Kuchencafés ein Brautmodengeschäft aufmachen. Eines, in dem man sich so wohl fühlt wie bei H & M, nur mit besserem Licht in den Kabinen. Ich glaube, ich habe eine Marktlücke entdeckt.

Kapitel 10
Heute:
Jeder, wie er mag

$\mathcal{N}$eulich habe ich mich beim Grillen mit jemandem unterhalten, der beinahe geschieden ist. Nicht so ungewöhnlich, aber er war sehr jung und beinahe geschieden, 31. Christian. Christians Scheidung ist in den nächsten Tagen nach sieben Jahren Ehe angesetzt.

Voll super, sagte er, der Bruder seiner Frau, der zufällig Anwalt sei, würde die Scheidung übernehmen, 200 Euro für jeden, ein echtes Schnäppchen. Er sagte das ein bisschen zynisch und ein bisschen traurig. Aber nicht unglücklich oder resigniert. Eher nüchtern. Er habe mit Händen und Füßen gegen diese Scheidung gekämpft, sagte er, aber sie wollte es so.

Christian war hocherfreut, als ich ihm von meinen Hochzeitsplänen erzählte. Und begann zu schwärmen von seiner eigenen damals. Damals, auf der schönen Kirchentreppe, mit Blick auf die ganze Stadt, und die Sonne schien, diese Euphorie, das sei alles ganz famos gewesen. Gestört wurde unsere Unterhaltung von einer Freundin von Christian, die ein wenig matronenhaft neben uns thronte und unsere Unterhaltung überwachte. Vereinzelt tat sie ungefragt ihre Sicht der Dinge kund. Beispielsweise sagte sie, als Christian von seiner nahenden Scheidung erzählte: »Das war auch eine totale Schnapsidee damals. Nach einem dreiviertel Jahr heiraten, das konnte doch nicht gutgehen!« »Blöde Tussi«, dachte ich. Christian ruht sehr in sich, er dachte bestimmt nicht »blöde Tussi«. Sondern antwortete in aller Ruhe, er würde das nicht so sehen. Damals hätten sie den gemeinsamen Umzug in eine andere Stadt geplant, und er habe mit dem Antrag ein Zeichen setzen wollen, und er sei sich so sicher gewesen, dass das jetzt für immer ist.

56 »Und du heiratest also dieses Jahr, hab ich gerade mitbekommen?«, wandte sich das strenge Mädchen an mich. »Und warum?« Ich war kurz irritiert, dann dachte ich wieder »blöde Tussi«. Mein Problem ist, dass ich »blöde Tussi«-Gedanken aus Höflichkeitsgründen nicht immer umsetze, obwohl das manchmal sicher befreiend wäre. »Och«, sagte ich erst mal und überlegte kurz, ob ich zu einem Statement ausholen sollte. Und merkte, dass ich überhaupt keine Lust hatte. »Warum nicht?«, sagte ich zu dem Mädchen. Sie holte aus. Sie könne ja Paare, die heiraten, überhaupt nicht verstehen. Was für einen Nutzen das Ganze habe. Sie selbst sei seit vielen Jahren in einer sehr glücklichen Beziehung, und dafür brauche sie keinen Trauschein.

Auf meiner persönlichen Liste der Sätze, die überhaupt nicht gehen, steht dieser ganz oben: »Für eine glückliche Beziehung brauche ich keinen Trauschein.« Ein schlimmer, doofer, anmaßender Satz. Nicht, weil er falsch ist. Sondern weil er so unnütz ist. Natürlich braucht niemand für eine glückliche Beziehung einen Trauschein. Aber habe ich das jemals behauptet? Mich nerven Leute wie das strenge Mädchen unheimlich: Leute, die einem erklären, wie doof Heiraten eigentlich ist. Ich erkläre schließlich auch niemandem, dass Nicht-Heiraten doof ist. Finde ich ja auch nicht. Ist mir eher total egal, ob jemand heiratet oder nicht. Ich schon. Das strenge Mädchen nicht. So einfach ist das.

Christian ist seit einigen Monaten wieder mit jemandem zusammen und glücklich. Deswegen sei es so super, dass die Scheidung in wenigen Tagen durch sei, sagte er. Denn er habe, erklärte er dem Matronen-Mädchen und mir, Heiraten so toll gefunden, er würde es am liebsten | 57 sofort wieder tun. Das Mädchen setzte wieder zu einer weitschweifenden Abhandlung an. Ich sagte, ich müsse mal dringend meinem Schweinenackensteak auf dem Grill beim Braten zusehen und sei natürlich gleich wieder da.

*N*eulich hatte ich ja noch vor, mit einem innovativen Brautladenkonzept das große Geld zu machen. Mittlerweile habe ich eine viel bessere Idee: Zufällig stieß ich letzte Woche auf einen interessanten und gleichsam schockierenden Artikel aus der britischen Zeitung ›Guardian‹. Schenkt man dem Artikel Glauben, dann ist die Wahrscheinlichkeit hoch, dass ich in den nächsten Wochen ziemlich durchdrehen werde. Es könnte passieren, dass ich mir entweder Brustimplantate einsetzen oder Botox spritzen lasse oder gleich ins Bootcamp gehen werde. Nicht in irgendein Bootcamp, das marodierende Jugendliche läutert, sondern ins Bridal Bootcamp. Bridal Bootcamps machen aus dicken, trägen Bräuten dünne, durchtrainierte Bräute.

Bridal Bootcamps gibt es in Großbritannien und den USA. Auf der Internetseite eines amerikanischen Bridal Bootcamp ist eine Frau mit Military-T-Shirt zu sehen, deren Haar so straff nach hinten frisiert ist, dass sie ihr Gesicht nur noch notdürftig mit Mimik versehen kann. Das ist Cynthia. Cynthias Bootcamp zum Selbermachen funktioniert so: Im Fitnessstudio muss man drei Monate vor der Hochzeit Körperfettanteil, Gewicht und Körperumfang messen lassen, die Daten schickt man an Cynthia, und Cynthia schickt jede Woche eine Mail mit Fitness-

und Ernährungsbefehlen. Von Cynthia kriegt man zwölf Wochen lang Befehle, macht währenddessen entwürdigende Vorher-Nachher-Fotos von sich selbst in Unterwäsche, und am Ende gewinnt jemand eine Woche Honeymoon in der Dominikanischen Republik.

Aber noch mal zurück zum ›Guardian‹-Artikel: Laut einer britischen Studie wollen 91 Prozent der britischen Bräute vor ihrer Hochzeit Gewicht verlieren, sieben Prozent planen eine Nasenoperation und acht Prozent eine Brustvergrößerung. Eine durchschnittliche britische Hochzeit kostet 60 Pfund, also um die 70 Euro, pro Minute. 60 Prozent der Befragten wünschen sich, dass ihre Gäste nach dem Fest der Meinung sind, sie seien auf der tollsten Hochzeit ihres Lebens gewesen. Dieser Wunsch ist nur ein Symptom des sogenannten »Competitive Wedding Syndrome«, eine Krankheit, die in Großbritannien und Amerika zuerst entdeckt wurde. Das Syndrom führt zu Stress, Streit und übermäßigem Geldausgeben in den Wochen vor der Hochzeit. Dass eine Braut zu Bridezilla wird, ist dann der Fall, wenn eine normalerweise liebreizende Person sich während der Hochzeitsvorbereitungen in ein Monster verwandelt, las ich weiter.

Auch das US-Magazin ›Newsweek‹ berichtete kürzlich Ähnliches: Neben Zahnkorrekturen sei für Bräute Gewichtsabnahme das wichtigste Ziel: Laut einer Studie wollten 70 Prozent der amerikanischen Bräute mindestens zehn Kilo vor der Hochzeit abnehmen, davon 20 Prozent mithilfe zweifelhafter Strategien wie Abführmittel, Erbrechen und Rauchen.

All diese Informationen bieten ein schier unerschöpfliches Potenzial für eine neue Castingshow, mit der ich reich werden könnte: das »Bridezilla Bootcamp«: Bestimmt gibt es auch in Deutschland genug Bräute mit Competitive Wedding Syndrome. Das Bootcamp würde ähnliche Inhalte haben wie das von Cynthia (gesundes Hungern zur Brautkleidfigur, Botox ja oder nein, qualvolles Workout), aber eben nicht virtuell, sondern in einer Art Big-Brother-Container stattfinden. Vielleicht sollte ich mein Konzept demnächst den Unterhaltungschefs der 61 einschlägigen Privatsender präsentieren. Ich rechne fest mit Begeisterungsstürmen.

Kapitel 12
Alter Name, neuer Name – Doppelname?

*A*ls ich Johannes kennenlernte und kurz darauf mit ihm zusammenkam, dachte ich mir manchmal heimlich: Es wäre ganz schön toll, wenn ich Johannes irgendwann mal heiraten könnte. So ein schöner Nachname!

Als wir ungefähr 16 waren, konnte ich mit meinen Freundinnen ganze Nachmittage damit zubringen, unsere künftigen Wunsch-Nachnamen zu diskutieren. So ähnlich wie Schwangere, die ganze Nachmittage mit Diskursen über Kindernamen füllen können. Wobei wir natürlich im Gegensatz zu Schwangeren reine Scheindiskurse führten. Damals wollten wir alle einen »von«-Namen haben. »Von Anstetten« aus »Verbotene Liebe« fanden wir gut, aber auch alle holländischen Namen mit »van«.

Johannes hat keinen Von-oder-van-Namen, leider. Der Verlobte einer Bekannten von mir hatte auch keinen. Sie hingegen schon. Und nachdem das ein wunderschöner Name war und seiner weniger wohlklingend, nahm er ihren Namen an. Ich an seiner Stelle hätte mich das vor lauter Angst, dass alle denken, ich hätte auf den »von«-Namen gegiert, nicht getraut. Außerdem konnte ich offenbar in der Namensfrage die Fesseln des Patriarchats noch nicht aufbrechen, denn ich fände es seltsam, wenn Johannes meinen Namen annehmen würde. Muss er auch nicht, weil ich ja seinen Namen toll finde.

Seitdem feststeht, dass wir heiraten, ist nun aber etwas Seltsames passiert: Ich bin mir nicht mehr sicher, ob ich meinen Namen aufgeben will, obwohl ich doch jahrelang auf Johannes' Namen gegiert habe. Vor allem Kollegen raten mir davon ab, einen neuen Namen anzunehmen: Wer einen Beruf hat, in dem der eigene Name eine »Marke« sei, in dem man sich »ein Profil erschreiben« müsse, sei unklug, wenn er diese Marke plötzlich aufgeben würde. Ein neuer Name würde das bisherige berufliche Leben quasi mit einem Schlag auslöschen. Hm, ich weiß nicht.

Man sollte nach der Hochzeit schon merken, dass sich etwas geändert hat in meinem Leben. Ich finde es gut, wenn man am Namen erkennt, dass zwei zusammengehören. Mir bleibt nur noch eine Möglichkeit: Ein Doppelname. Schwierig. Die meisten Doppelnamen-Trägerinnen, die ich kenne, sind über fünfzig und ziemlich öko. Sie sind bei den Grünen engagiert und arbeiten nebenher ehrenamtlich in einem Frauenladen. Politikerinnen haben gerne Doppelnamen: Knake-Werner, Schewe-Gerigk, Dinges-Dierig, Lösekrug-Möller, Hölldobler-Heumüller, Dudda-Dillbohner. Die sind alle echt. Und eine Kollegin von Johannes heißt »Obst-Hantel«. Ich weiß wirklich nicht.

Letzte Woche gingen wir zum Standesamt, um das Aufgebot zu bestellen. Ich war immer noch unsicher bezüglich der Namensfrage. Auf dem Flur, während wir warteten, spielte ich alles noch mal durch und konnte zu keiner Lösung kommen. Die Anzeigetafel mit den Wartenummern kam gefährlich nahe an unsere Nummer heran, ich biss Fingernägel, schwitzte, grübelte, konnte keinen klaren Gedanken fassen. Dann blinkte unsere Nummer.

Gemeinsam mit einer freundlichen Dame füllten wir ein Formular aus, und irgendwann fragte sie: »Wie haben Sie sich denn bezüglich der Namensführung entschieden?« Ich wusste es immer noch nicht und machte ein unentschlossenes Angebot: »Äh, vielleicht ein Doppelname?« »Voranstellen oder anfügen?«, fragte die Frau. »Also, erst seiner, dann mein Name«, sagte ich verwirrt. »Also den Mädchennamen dem gemeinsamen Familiennamen anfügen«, sagte die Frau zufrieden, »das macht dann 17 Euro.« Ich war fasziniert. Ich hatte mir gerade einen Doppelnamen gekauft.

Der Zweifel befiel mich bereits vor der Tür. Klar, ich hatte 17 Euro bezahlt, aber was, wenn ich vielleicht doch lieber nur einen schönen, kurzen, unsperrigen Einzelnamen will? »Macht gar nix«, hatte die Standesbeamtin gesagt, »das können Sie bis zur Trauung noch ändern, kostet dann aber wieder 17 Euro.« Ich sollte mich langsam entscheiden. Sonst sind wir vor der Hochzeit bankrott. Weil ich einen Namen nach dem anderen kaufe.

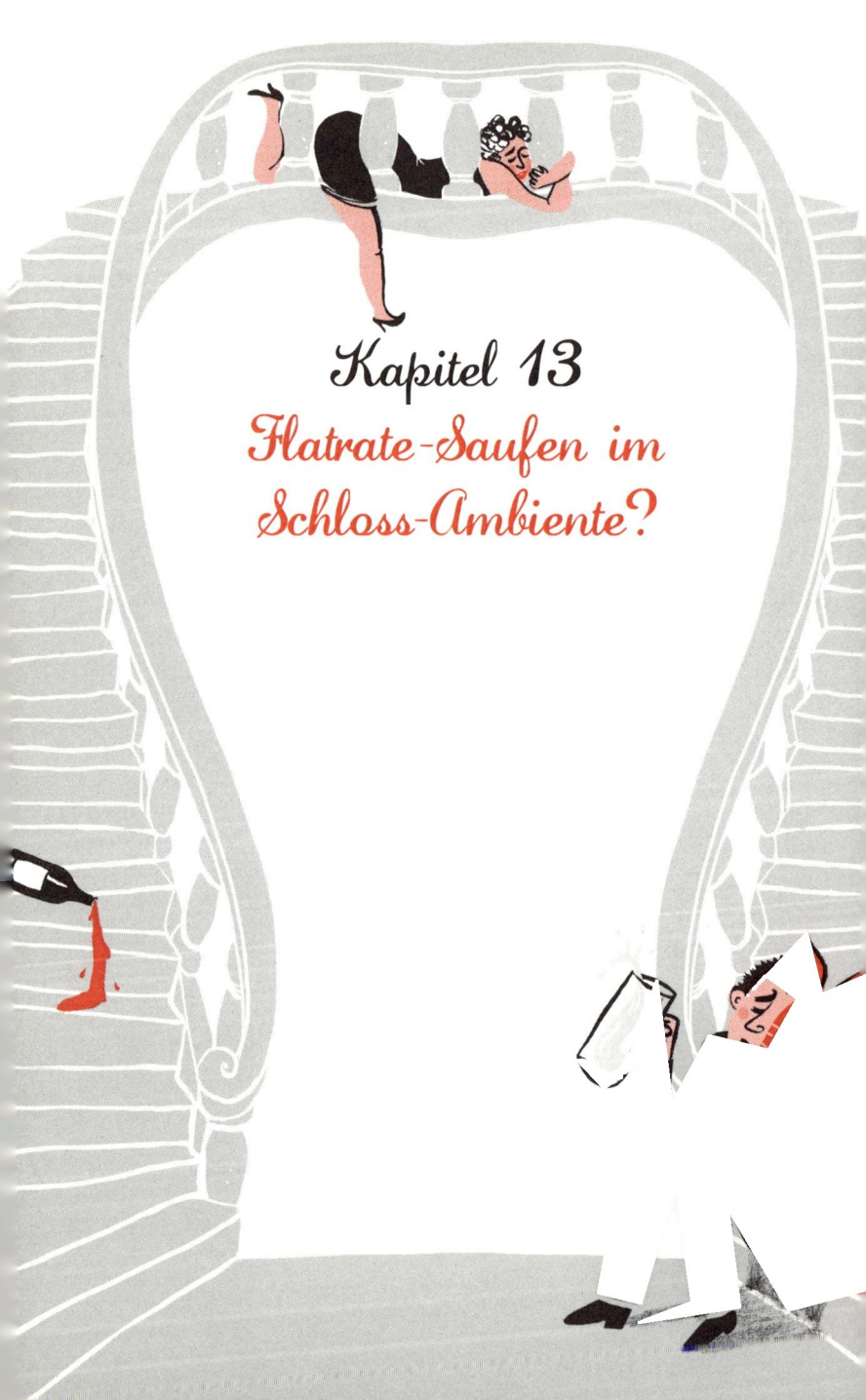

Kapitel 13

Flatrate-Saufen im Schloss-Ambiente?

*E*iner der wichtigsten Entscheidungen überhaupt haben
wir uns ziemlich spät gewidmet: Wo steigt die Party? Nachdem die Kirche, in der wir heiraten, in München steht,
sind das hier grob zusammengefasst meine Vorstellungen:
Ein Schloss oder eine alte Villa oder ein altes Landgut mit
Blick auf Starnberger-, Ammer-, Königs- oder Chiemsee,
oder besser: nicht nur Blick, sondern Ufernähe, damit an
einer romantischen Seepromenade entlangflaniert werden
kann. Des Weiteren: Entfernung zur nächsten bewohnten
Immobilie etwa drei Kilometer, damit ab zwölf die Musik nicht leiser gestellt werden muss. Und dann natürlich,
ganz wichtig, eine Alkohol-Flatrate, also: Für einen vorher
ausgemachten Pauschalbetrag darf unbegrenzt getrunken
werden.

Leider könnten wir uns da keine großen Hoffnungen
machen, hat uns Johannes' Freund Alex mitgeteilt: Er
selbst hat vor zwei Jahren geheiratet, und mit seinem
Flatrate-Anliegen sei er auf taube Ohren gestoßen. Bei
einem Wirt habe er dann die Flatrate in zähen Verhand-
lungen erstritten. Der Wirt hatte allerdings nicht mit der
Trinkfestigkeit von Alex' Gästen gerechnet. Als es zur Ab-
rechnung kam, erzählte Alex, habe der Wirt erst wütend,
später verzweifelt versucht, den Pauschalbetrag im Nachhinein zu erhöhen.

Unser erster Besichtigungstermin ist ein Bio-Landgut südlich von München. Ganz toll sieht es da aus; überall laufen Tiere herum, denen man ihr Glück in ihren entspannten Gesichtern ablesen kann; eine Viertelstunde lang stehen wir vor einem Verschlag, in dem eine Schar schwarz-rosa gefleckter Ferkel sich des Lebens freut. Diese Idylle! Wir sind mit Frau Angermeier verabredet, die uns eine Führung über das Gelände gibt. Im Geiste male ich mir bereits das sommerliche Bankett unter der alten Kastanie aus. Es wird aussehen wie ein Joint Venture von Rosamunde Pilcher und Inga Lindström: Lange, weißgedeckte Tafeln, ausgelassene, rotwangige Menschen, die sich gegenseitig zuprosten und aus riesigen Steinkrügen Wein nachschenken, dazu geflochtene Körbe, in denen glückliches Obst liegt, Platten, auf denen glückliches Schwein liegt, in der alten Kastanie brennen Lampions, es zirpen die Grillen. Kinder mit geflochtenen Frisuren und weißen Musselinkleidchen tollen auf der Wiese umher. Dann sagt Frau Angermeier: »Ach ja, dafür haben Sie sicher Verständnis, aber spätestens gegen eins müsste die Musik dann ausgemacht werden, die Schweine können sonst nicht schlafen.«

Wir fahren weiter zu einem weiteren Landgasthof. Auch hier male ich mir das sommerliche Bankett in dem von alten Obstbäumen gesäumten Hofgarten aus. Bis uns die Frau Angermeier, die uns hier herumführt, eine Getränkekarte in die Hand drückt. 3,80 Euro für ein großes Bier. Hm. Ganz vorsichtig spreche ich die Trink-Flatrate an. Ach, sagt da Frau Angermeier beschwichtigend, ach, mehr als drei, vier Halbe Bier würde ja eh niemand trinken. Johannes und ich wechseln einen Blick, der sich nicht zwischen Belustigung und Verzweiflung entscheiden kann. Ich bin mir sicher, in Johannes' Gehirn passiert gerade das Gleiche wie bei mir: Eine lange Liste rattert durch, eine sehr lange Liste mit Freunden, deren Trinkgewohnheiten sich nicht mit den Berechnungen von Frau Angermeier decken. Wir schweigen betreten.

Dann fahren wir weiter, und zwar zu einem richtigen Schloss am Chiemsee. Als die dritte Frau Angermeier uns | 69 durch Schlosssäle und Schlossgärten und über Schlossgräben und Schlossbrücken führt, spüre ich, dass ich langsam ziemlich erschöpft bin. Und dass ich aggressiv auf Johannes werde, der bei diesen Führungen immer so eine geschäftige und biedere Art an den Tag legt, um als solider junger Traum jeder Schwiegermutter rüberzukommen, dem die Frau Angermeiers mit Kusshand ihr Schloss, ihren Landgasthof und ihre Barockvilla zur Verfügung stellen würden.

Frau Angermeier führt uns auf einen kleinen Balkon. Hier, erklärt sie, könne man als Brautpaar stehen und auf die Gäste herab eine Ansprache halten. Zum ersten Mal kommt mir die Sache mit dem Schloss übertrieben vor. Später sitzen wir in Frau Angermeiers Büro. Sie drückt uns einen telefonbuchdicken Stapel Papier in die Hand. Einfach mal in Ruhe durchlesen, sagt sie, das Kleingedruckte, nicht wahr, da stehe alles noch mal genau drin. In Frau Angermeiers Schloss, das sehe ich beim Überfliegen einiger Seiten, wird jede Tischdecke, jeder Aschenbecher, jede Husse (neu gelerntes Wort: dieser weiße Ganzkörperanzug für Stühle) einzeln berechnet.

Als wir müde wieder im Auto sitzen und nach München zurückfahren, gerate ich in leichte Panik: teures Bier, teure

Hussen, teure Kerzenständer, lärmempfindliche Schweine.
Die Lage scheint hoffnungslos.

Das ist ein paar Wochen her. Mittlerweile haben wir
uns entschieden: keine Alkohol-Flatrate, denn niemand
wollte sie uns gewähren; kein Seeufer, kein Schloss, keine
alte Villa. Keine Hussen. Sondern ein sogenannter »Hoch-
zeitsstadel«, der, wie Johannes bei der ersten Besichtigung
feststellte, von außen aussieht wie eine Baracke. Von innen
ist es aber gemütlich dort, wie in einem Oktoberfestzelt,
nur kleiner. Außerdem wird ja eh die Sonne scheinen, und
dann kommen die alten Kastanien ins Spiel, unter denen
dann gesessen wird. Und es gibt weder lärmempfindliche
Schweine noch Anwohner. Das ist wichtiger als Seenähe
und Schlossbalkon.

Kapitel 14:
Müssen wir auf den Humor der Gäste Rücksicht nehmen?

*W*ir sind nächste Woche auf eine Hochzeit eingeladen.
Und in der Woche danach auf eine weitere. Ich finde das
super, weil ich gezielt darauf achten kann, was vielleicht
bei meiner eigenen Hochzeit schiefgehen könnte, was
man lieber lassen sollte, welche Programmpunkte wo-
möglich wider Erwarten nicht funktionieren. Den größ-
ten Einfluss darauf, ob das Unterhaltungsprogramm ge-
lingt oder scheitert, hat immer die Zusammensetzung der
Gästeliste, davon bin ich überzeugt.

Johannes ist auf einer der beiden Hochzeiten Trauzeuge. Sein Freund Kai heiratet, und Johannes hat zusammen
mit einem Freund die unvermeidliche Powerpoint-Präsentation entworfen. Das lief so ab, dass dieser Freund ein
bis zwei Mal pro Woche abends vorbeikam, einige Träger
Bier mitbrachte und die beiden sich ins Arbeitszimmer
zurückzogen. Ab und an drang grölendes Gelächter nach
draußen. Die beiden waren hochzufrieden mit ihrem krea-
tiven Schaffen und präsentierten mir das Ergebnis ihres
geistigen Feuerwerks.

Ich muss sagen, ich fand es auch durchaus kurzwei-
lig. Man weiß aber nie so genau, ob anwesende Omas,
Onkels, Tanten und schlimmstenfalls sogar Freunde eine
ähnliche Humorauffassung haben. Ich kann beim besten
Willen nicht sagen, ob Kais Gäste es lustig finden werden,

sich Fotos anzusehen, auf denen Kai riesige Joints raucht, mit irrem Blick und »Freddy Krueger«-Handprothese Frauen hinterhersteigt, nackt mit einem Mann (Johannes) in einem Bett schläft und als Jesus verkleidet an einen Baum gefesselt wird.

Auch bezüglich der Art des Vortrags bin ich gespalten. Es ist davon auszugehen, dass nicht alle anwesenden Gäste lustig finden, was in der ›Titanic‹ steht, so ähnlich hört sich der Vortrag aber an. Johannes sagt, er wolle keine Rücksicht darauf nehmen, dass nicht alle Anwesenden seine Art des Humors pflegen. Er verlange ja schließlich auch keine Rücksichtnahme seitens der Gäste ohne ›Titanic‹-Humor und würde geduldig doofe Hochzeitsspiele und inhaltsfreie Gedichte über sich ergehen lassen.

Dumm ist nur, dass Johannes in seiner Funktion als Trauzeuge auch Organisator der Feier ist und die Trauzeugin der Braut folgende Mail an alle Gäste verschickt hat: »Am Hochzeitstag möchten Johannes und ich gerne die Organisation des hoffentlich unterhaltsamen und fröhlichen Rahmenprogramms übernehmen, damit die Hochzeitsfeier insgesamt übersichtlich, für jeden ansprechend und harmonisch abläuft.« – »Für jeden ansprechend und harmonisch«: ob sich das mit Titanic-Humor verträgt?

Ich frage mich natürlich, was ich selbst o.k. fände auf meiner Hochzeit und was nicht. Ich glaube, mir wäre es egal, ob einige Verwandte pikiert wären. Wichtiger wäre mir, dass es allen Freunden gefällt. Und vielleicht, auch nicht ganz unwichtig, dass ich selbst lustig finde, was passiert. Nun, in ein paar Tagen wissen wir, wie Kai über die ganze Sache denkt.

Kapitel 15
Zitate-Verbot für den Brautvater

$\mathcal{D}$as Wochenende und die Hochzeit von Kai haben einige interessante Erkenntnisse gebracht. Für mich selbst
war diese Hochzeit ein vorzüglicher Zeitvertreib, denn
ich hatte keinerlei Verpflichtungen, außer in einem hübschen Kleid herumzustehen, Sekt zu trinken und zu viel
zu essen. Für andere war es weniger entspannt. Kai zum
Beispiel, der so aufgeregt war, dass er vergaß, sich nach
der Braut umzudrehen, als diese zu den Querflötenklän-
gen von ›Power of Love‹ von Jennifer Rush in die Kirche
einmarschierte. Alle reckten die Hälse, nur Kai starrte mit
zitternden Händen auf den Pfarrer. Die Braut fand das
weniger lustig als ich.

Auch Johannes tat mir ein bisschen leid. Er war den
ganzen Tag extrem angespannt: Erst musste er eine Für-
bitte in der Kirche vorlesen, die auf zwölf Zeilen neben
sieben Kommata auch vier Gedankenstriche, jedoch
keinen einzigen Punkt enthielt. Auf dem Fest musste er
seine Rede als Trauzeuge halten, außerdem die Powerpoint-Präsentation, später kam er als DJ zum Einsatz. Als
das alles vorbei war, betrank er sich vor Erleichterung so
hemmungslos, dass er sich am Schokobrunnen abstützen
musste, als er am Buffet kurzzeitig das Gleichgewicht ver-
lor. Er behauptete später, er sei in den Schokobrunnen
geschubst worden. Die vielen Menschen mit manchmal

mehr, manchmal weniger auffälligen Schokoladenflecken auf der Festkleidung waren auf jeden Fall ein eindrucksvolles Plädoyer dafür, auf zukünftigen Feiern von einem Schokobrunnen in der Dessertauswahl abzusehen.

Ich hatte ja bereits von meinen Bedenken wegen eventuell nicht allgemein verträglicher Humorelemente in Johannes' Powerpoint-Präsentation erzählt. Tatsächlich war es dann auch so, dass der Tisch mit den Berliner Freunden grölend und vor Vergnügen auf den Tisch hauend Johannes' Ausführungen lauschte, während an den umliegenden Tischen ratlose Stille herrschte. Nur ein Onkel der Braut aus Berlin, Heinz, brüllte ab und zu »Bravo! Bravo!« und klatschte dabei hocherfreut in die Hände. Johannes wurde im Laufe des Abends ein großer Fan von Heinz, der einen riesigen Schnurrbart trug und später auf der Tanzfläche ohne Erfolg versuchte, seine Enkelin an einen der anwesenden männlichen Gäste zu verschachern.

Was sich auf Kais Hochzeit erneut bewahrheitete: Unter Braut- und Bräutigam-Vätern grassiert die Eigenart, ihre Rede mit einem willkürlich zusammengeklaubten Wust an Zitaten anzureichern. Auf allen Hochzeiten, auf denen ich bisher war, häuften sich in den Väter-Reden Sätze, die mit »Und wie auch schon xy zu sagen pflegte« anfingen. Beliebte xy sind Johann Wolfgang von Goethe, Ricarda Huch, Erich Fried, Hermann Hesse, einfach alle bekannten und weniger bekannten Autoren, die ihre Leser im Laufe ihrer Karriere an ihrer Sicht auf das Thema Liebe teilhaben ließen.

Anscheinend sind Väter der Ansicht, das, was sie sagen, sei mehr wert, wenn es von jemandem stammt, der wegen seiner Schreiberei berühmt geworden ist. Genau das

Gegenteil ist doch der Fall: Ich finde es viel schöner, wenn man selbst etwas Besonderes, Nachdenkliches, Lustiges zu sagen hat, egal wie einfach, kurz und schlicht das sein mag. Und wenn man einer Rede anmerkt, dass jemand entweder in seinem Reclam-Zitatelexikon unter »Liebe« nachgeschaut oder, in der modernen Variante, »Liebe«, »Hochzeit« und »Zitate« als verknüpfte Zeichenkette bei Google eingegeben hat, dann finde ich das eher unpersön- lich. Und es ist für die Stimmung auch nicht förderlich, eine halbe Stunde lang aus ›Der kleine Prinz‹ vorgelesen zu bekommen, obwohl man in dem Moment, als der Red- ner mit dem kleinen Buch in der Hand zu sprechen ange- fangen hat, wusste, dass das Ganze mit einem eigentlich sehr schönen, aber total verbrauchten Zitat enden wird. Vielleicht sollte ich meinen Vater mit einem Zitate-Ver- bot belegen. Wer weiß, woran er gerade schon arbeitet.

Kapitel 16
Das Horror-
äh, Hochzeitsvideo

*S*eltsam: Manche Sachen, von denen man weiß, dass sie eigentlich ziemlich schlimm oder zumindest ein bisschen lächerlich sind, will man trotzdem haben. Bei mir wären das zum Beispiel: Gerhard Schröder als Bundeskanzler; ein Jahresabonnement der Zeitschrift ›Kreative Küche‹; pfälzische Wurstspezialitäten, die »Bärlauch-Bratwurstgehäck aus dem Glas« heißen, und ein Hochzeitsvideo. Alles, wirklich alles, spricht gegen das Hochzeitsvideo.

Unser Freund Kai hat uns neulich sein Hochzeitsvideo geschickt. Es sieht düster und grau aus in Kais Hochzeitswelt, so als hätten wir in einem mit Beton ausgekleideten Bunker gefeiert. Johannes bekam beim Schwenk über die Tanzfläche einen Lachanfall und behauptete, meine Bewegungen sähen rheumatisch aus. Na und? Kann ja nicht jeder zur Rampensau werden, nur weil Tanzmusik aus den frühen Neunzigern läuft. Er war wahnsinnig verliebt in seinen eigenen Auftritt und sah sich immer wieder die Szene an, bei der er auf der DJ-Empore mit den Händen über dem Kopf einen Rhythmus mitwippend die überschaubare Gemeinschaft der Tanzenden zu den Klängen von ›Rhythm is a Dancer‹ von Snap! anheizt.

Gegen ein Hochzeitsvideo spricht noch mehr:

– Im Fernsehen sieht man ja bekanntlich – dieses Statement platziert jede Schauspielerin oder Moderatorin
in jedem Interview mindestens ein Mal – gut und gern
fünf Kilo schwerer aus. Eher zehn. Ob das ein Trost ist,
sei dahingestellt.

– Die Farben auf so einem Video sehen immer so aus, als
würden Hochzeitsvideo-Produzenten aus Prinzip einen
körnigen, braungrauen Schmutzschleier über die Linse
legen; die meisten Hochzeitsvideo-Regisseure scheinen
in der Tradition der dänischen Dogma-Filme zu stehen;
das macht die Filme nicht schöner.

– Man tut im Leben natürlich ständig Dinge, die peinlich
aussehen oder sind (tanzen; singen; Witze machen, die
niemand lustig findet; affektiert lachen) – das Gute ist,
dass man sich selbst nicht dabei beobachten kann, sonst
würde man schnellstens depressiv werden; das private
Video entreißt einem gnadenlos diesen Selbstschutz.

– Ich habe ein wenig bei Youtube recherchiert: Ein Hochzeitsvideo kann Menschen nicht nur fünf Kilo schwerer,
sondern auch Tanzflächen leerer aussehen lassen, als sie
es wahrscheinlich sind. Vielleicht war der Abend am
Schluss aber auch wirklich so traurig. Keine Chance
mehr, das in der Erinnerung gnädig zu vernebeln.

Auf Youtube finden sich hunderte beeindruckende Plä-
doyers dafür, es bei Fotos zu belassen. Eigentlich. Ich will
aber trotzdem ein Video. Ich will nämlich auch Gerhard
Schröder als Kanzler und Bratwurstgehäck.

Kapitel 17
Johannes kauft sich einen Anzug

*I*ch will ja nichts sagen, aber ich selbst habe mich bereits vor einem halben Jahr um angemessene Garderobe für unsere Hochzeit bemüht. Nachdem der Brautkleidkauf eher demütigend und erfolglos verlief, habe ich mir ein Kleid von einer Schneiderin nähen lassen. Letzte Woche habe ich das Gewand abgeholt. Es hängt in einem weißen Kleidersack im Wohnzimmer. Manchmal, wenn ich allein zu Hause bin, schleiche ich zum Kleidersack, öffne den Reißverschluss, blicke auf das Wunderwerk – eine Reminiszenz an den italienischen Katholizismus der zwanziger Jahre, gepaart mit einem Meer aus spanischer Spitze –, streiche sanft über die Seide und gucke dabei wie Gollum in ›Herr der Ringe‹, wenn er vor Sehnsucht nach seinem Ring ganz irre wird.

Johannes ist spontan eingefallen, dass er noch einen Anzug kaufen muss. Ein Freund von uns ist Modedesigner bei einer großen Herrenmodefirma in Schwaben, er hat Johannes eine Liste zukommen lassen. Auf dieser Liste steht Rätselhaftes: »Bruce/Court. Ziemlich tight, I like it«. Oder »Francis/Smart. Superpeitsche«. Solche Sachen. Vermutlich handelt es sich bei Bruce und Francis um Anzugmodelle.

Mit dieser Liste also begab sich Johannes in die Herrenabteilung eines großen Bekleidungsgeschäfts. Abends fand ich einen sehr geknickten Johannes in unserer Wohnung vor. Der Anzugkaufversuch hatte sich folgendermaßen abgespielt: Johannes entschied sich, als Erstes das Modell »Howard« (»ein wahnsinnig geiles enges Teil – try it!«, O-Ton-Liste) anzuprobieren. Dabei kam der Anzugfachverkäufer ins Spiel – ein älterer spanischer Herr mit dünnem Oberlippenbart und Einstecktuch.

Der Mann mit dem Einstecktuch verzichtete auf die übliche Praxis, mithilfe nicht ernst gemeinter Komplimente eine erste zarte Verkäufer-Kunden-Vertrauensbasis aufzubauen. »Diese gehte nicht, Entschuldigung, ich nicht mochte sein unhoflich, aber Sie haben große Probleme mit die Schenkel«, rief er und klopfte dabei tadelnd auf sein eigenes Paar tadelloser Schenkel. Johannes aber war so begeistert von der »Howard«-Jacke, dass er sich nicht davon abhalten ließ, auch in die »Howard-Hose« zu schlüpfen. Was beim Anzugverkäufer Unverständnis auslöste. »Entschuldigung, ah, iste couture, mussen haben die Korper fur so eine Anzug, aber Sie, ah, ich habe schon gesagt, sehe große Probleme mit Oberschenkel und Po, für diese Anzug Sie musse sein dünn und – eh – laaaaaaaaaaange!«

Das »a« in »lang«, berichtete Johannes, habe er über mehrere Sekunden in die Länge gezogen, fast so, als könne er dadurch auch den zu kurz geratenen Johannes-Körper ein bisschen strecken. Dann holte er einen Anzug mit zweireihigem Jackett und Pluderhose. Als der sich sehr dick und kurz vorkommende Johannes gedemütigt wegschlich, versuchte der strenge Verkäufer doch noch zu trösten: »Ich nicht verstehe diese junge Leute, die ganze Zeit sie machen Sport, sodass die Schenkel werde dick und dann sie kommen und wollen tragen Slim-Fit-Anzug!

Das gehte nicht!« Das war zusätzlich gemein. Johannes macht überhaupt keinen Sport.

Einmal hatte ich während Johannes' Leidensbericht beunruhigt aufgehorcht. Nämlich als er das zweireihige Jackett erwähnte. Ich hatte geglaubt, die Produktion solcher Jacketts sei in den frühen Neunzigern unwiederbringlich eingestellt worden. Anzugverkäufer im neuen Jahrtausend sind also unberechenbar. Ich will gar nicht wissen, was als Nächstes kommt. Wahrscheinlich eine pastellfarbene Weste. Aber das werde ich zu verhindern wissen.

Kapitel 18
Verabredung mit dem Pfarrer

*n*ächste Woche werden Johannes und ich nach München
fahren, um den Pfarrer, der uns traut, persönlich kennenzulernen. Dieser Pfarrer ist der zweite, den wir im Laufe
unserer Hochzeitsvorbereitungen treffen. Der erste, den
wir zufällig kennengelernt hatten – er nimmt dort, wo wir
unsere Hochzeit feiern werden, am Wochenende gerne
einige Weißbiere ein und wurde uns von den Wirtsleuten
vermittelt –, fiel kurzfristig aus. Ihm gefiel es spontan besser,
Ende Juli auf einer Sonnenliege auf La Gomera zu verbringen. Johannes' Mutter hat in einer Panikaktion einen neuen
Pfarrer aufgetrieben, was offenbar nicht einfach war, denn
auch für Pfarrer ist Ende Juli Urlaubssaison.

Mit der Vorbereitung auf den Gottesdienst lief es so,
wie es öfters läuft in Johannes' und meiner Beziehung. Ich
sagte: »Da kümmerst dich aber jetzt bitte mal du drum«,
Johannes machte ein verächtliches Geräusch und sagte:
»Mach dich mal locker«, und kümmerte sich selbstverständlich um gar nichts. Im Fall der Gottesdienstvorberei-
tung muss ich sagen, dass mich das verärgert hat, denn der
einzige Grund für die katholische Trauung ist: Johannes.

Seit meiner Kindheit leide ich unter einem Kontroll-
und Organisationswahn. Ich bin eben gerne gut vorbereitet im Leben. Wenn ich in die Oper gehe, verteile ich
an meine Begleitung vergrößerte Kopien aus Reclams

kleinem Opernführer, auf längeren Autofahrten händige ich Fruchtriegel an alle aus und habe für jeden einen eigenen Becher dabei, damit niemand aus der Flasche trinken muss. Meine Freundinnen nennen mich manchmal »Mama«. Also, auf jeden Fall kam es in den letzten Wochen so, dass ich begann, die Bibel durchzuarbeiten, als wäre ich Jurastudentin und die Bibel das Bürgerliche Gesetzbuch. Ich habe mir den genauen Ablauf des katholischen Traugottesdienstes ausgedruckt. Ich habe Johannes gebeten, sich bitte auch die Bibel zur Hand zu nehmen und nach Textstellen zu suchen, die sich für den Trauspruch und die Lesung eignen.

Johannes brillierte mit Baumarkt-Humor und wünschte sich aus dem Alten Testament: Sprüche 25,24: »Besser im Winkel auf dem Dache sitzen als mit einem zänkischen Weibe zusammen in einem Hause.« Hahaaaaaaaaa!

Glücklicherweise sind wir nicht auf Johannes angewiesen. Ich kann seine mangelnde Bibelfestigkeit und Ernsthaftigkeit nämlich hervorragend kompensieren: Ich bin im Besitz einer Bluff-Bibel. Diese Bibel habe ich seit der Schulzeit, ich habe Abitur in Religion gemacht, so wie fast jeder Abitur in Religion gemacht hat, weil man dann nicht in Geschichte Abitur machen musste. Meine Bibel ist durchsetzt von lindgrünen Schraffierungen, roten Umrandungen, blauen Ausrufezeichen, lilafarbenen Wellen. Diese Bibel sieht so aus, als gehöre sie jemandem, der sich mächtig für ihre Inhalte interessiert.

Ich werde also während des Gesprächs mit dem Pfarrer meine Bibel, die mit diversen neongrünen Klebezetteln versehen ist, seit ich nach besseren Stellen als der mit dem zänkischen Weibe gesucht habe, zücken und dem Pfarrer erläutern, was ich mir so vorstelle. Um mich auf das Gespräch vorzubereiten, habe ich mich außerdem in einschlägigen Internetforen zum Thema kirchliche Trauung herumgetrieben, dabei ist mir Folgendes aufgefallen:

a) Ich muss wirklich kein schlechtes Gewissen haben, weil ich den katholischen Glauben nicht aktiv praktiziere und trotzdem in einer katholischen Kirche heirate: Die meisten Leute in den Hochzeitsforen wissen nicht mal, was Evangelien sind.

b) In der Bibel gibt es Stellen, die man als eine Art »Kleiner Prinz« der Heiligen Schrift bezeichnen könnte: Die Zahl der jemals stattgefundenen Traugottesdienste, die nicht das Hohelied der Liebe (Paulus' Erster Brief an die Korinther) enthielten, muss im einstelligen Bereich liegen. Es ist aber leider tatsächlich die schönste Bibelstelle, die ich finden konnte. Da hatte ich mich neulich noch über Brautväter aufgeregt, die etwas aus ›Der kleine Prinz‹ vortragen, und jetzt bin ich drauf und dran, es nicht viel besser zu machen. Man kann eben nicht immer cutting edge sein.

Ich bin auf jeden Fall gespannt auf das Gespräch. Hoffentlich ist der Pfarrer nett. An mangelnder Vorbereitung jedenfalls wird es nicht liegen, sollte er uns nicht nett finden. Und wir werden uns zum Einzug in die Kirche nicht ›My Heart will Go On‹ von Celine Dion oder was von Bryan Adams auf der Orgel wünschen, was offenbar sehr beliebt ist, wie meine Forenrecherchen ergaben. Allein dafür müsste der Pfarrer uns doch schon lieben.

Kapitel 19
Lebenshilfe
aus der Bibel

*D*amit konnte keiner rechnen: Ich war zu gut vorbereitet
für das Gespräch mit dem Pfarrer! Man merkte ihm an,
dass er während des Gesprächs eigentlich selber gern einen höheren Redeanteil gehabt hätte. Ständig unterbrach
er mich. Das Erste, worauf des Pfarrers missbilligender
Blick fiel, war meine Luther-Bibel, und als ich begann,
meine Rechercheergebnisse zu präsentieren und meine
Bibel an der ein oder anderen neongrün markierten Stelle
aufzuschlagen, schob er die Einheitsübersetzung der Bibel
in meine Richtung und sagte: »Ich würde vorschlagen, wir
machen damit weiter.«

Johannes sprach während des Treffens nicht viel, sodass ich zeitweise vergaß, dass er neben mir auf dem Sofa
saß. Einige Tage später sagte er, das Gespräch und überhaupt die Beschäftigung mit der Bibel habe ihn enorm
bereichert. Er hat nämlich in einer Broschüre namens
›Ich nehme dich an und verspreche dir die Treue‹, die uns
der Pfarrer mitgegeben hat, eine Bibelstelle gefunden,
von deren Inhalt er sich einiges verspricht, nämlich nicht
weniger als einen erfolgreichen Eingriff in meine Lebens-
philosophie. Die Stelle handelt von der »wahren und der
falschen Sorge« und ist, finde ich, keine besonders schöne
Stelle, sondern eher ein bisschen rabiat. Im Grunde geht
es darum, dass man sich nicht um unwichtiges Zeug wie

Geld oder Klamotten kümmern sollte, sondern um den Glauben und sonst nichts, den Rest würde dann schon Gott besorgen. Johannes möchte diese Bibelstelle gerne als Lesung aus dem Evangelium in unseren Traugottesdienst aufnehmen.

Denn er hat sich seine eigene Interpretation zurechtgebastelt. Diese Interpretation hat mich in den letzten Tagen einige Nerven gekostet. Für Johannes ist diese Bibelstelle eine Art göttliche Legitimation seiner weltlichen Kritik an meiner Person. Johannes findet es sehr belastend und störend, dass ich, wie er behauptet, bei jeder Kleinigkeit ausraste oder aber schwermütig werde; denn, und diesen Satz hasse ich, wahrscheinlich, weil er wahr ist: »Es gibt wirklich Schlimmeres.« Statt »Es gibt wirklich Schlimmeres« sagt Johannes seit einigen Tagen etwas Neues und klingt dabei wie mein persönlicher Mental-Coach: »Aufpassen, wahre Sorge, falsche Sorge!«

Wenn ich in der Früh die Dose mit dem Espressopulver aufmache, dort kein Pulver vorfinde und gerade sauer werden will, sagt Johannes: »Wahre Sorge, falsche Sorge!« Wenn ich mich aufrege, weil ich nicht pünktlich zum Finale von ›Germany's Next Top Model‹ vor dem Fernseher sitze, weil wir im Stau stehen, sagt er: »Wahre Sorge, falsche Sorge!«

Vor ein paar Tagen ist unser Küchenregal einfach so aus der Wand gebrochen. Sämtliche Teller, Suppenteller, Kuchenteller, Weingläser, Kuchenplatten: kaputt, in feinsten Scherbenstaub zerbrochen, auch das von mir verehrte, von meiner Oma geerbte rosafarbene Villeroy-&-Boch-Kuchengeschirr konnte ich nur noch blind vor Tränen in kleinsten Teilen vom Küchenboden einsammeln. Ich konnte im Ansatz erahnen, wie schlimm es sein muss, wenn beispielsweise die ganze Wohnung abbrennt, wenn geschätzte zwei Zentner kaputtes Porzellan schon so wehtun. Als ich also vor Wut heulend ein paar rosafarbene Scherben auf dem Küchenboden zusammensetzte, kam Johannes in die Küche, und bevor er etwas sagen konnte, brüllte ich: »KOMM JETZT BLOSS NICHT MIT DEINEM BESCHISSENEN FALSCHE-SORGEN-MANTRA! ICH WILL GEFÄLLIGST DEPRIMIERT SEIN JETZT!« Johannes guckte ziemlich erschrocken. Ich ging ins Wohnzimmer und stieg bei eBay in vier Auktionen für Villeroy-&-Boch-Kuchenplatten ein.

Über die Bibelstelle und ihre mögliche Rolle in unserem Traugottesdienst haben wir seitdem nicht mehr gesprochen. Ich glaube, Johannes traut sich nicht mehr. Aber er muss sich keine Sorgen machen; mir fällt da ganz spontan eine schöne Stelle aus dem Ersten Brief von Paulus an die Korinther ein: »Die Liebe trägt das Böse nicht nach.«

Kapitel 20
Die Sitzordnung. Und wer kommt überhaupt?

*V*or ein paar Wochen war zwischen Johannes und mir ein Kleinkrieg um die Gästeliste ausgebrochen. Angesichts eines drohenden Bankrotts versuchten wir, uns gegenseitig ein paar Gäste madig zu machen. Während wir die Liste des anderen studierten, sagten wir und taten dabei erstaunt: »Den hast du doch seit fünf Jahren nicht mehr gesehen!« oder »Wer ist das überhaupt?«, oder aber »Also so eng seid ihr ja nun wirklich nicht befreundet«. Das sagten wir nicht etwa aus Boshaftigkeit oder mangelnder Wertschätzung, sondern weil wir es mit der Angst bekamen angesichts der aus dem Ruder laufenden Gästeliste. Aus dem gegenseitigen Wegrationalisieren wurde dann aber doch nichts. Wir weigerten uns beide, Leute von unserer eigenen Liste zu streichen, und mussten zugeben, dass uns dadurch jegliche Argumente abhanden kamen, mit denen wir vom anderen eine abgespeckte Gästeliste hätten verlangen können.

Wir haben die Einladungen drei Monate vor dem Hochzeitstermin verschickt, inklusive der Bitte, bis zwei Monate vor der Hochzeit ab- oder zuzusagen. Von 130 eingeladenen Gästen haben sich Wochen später etwa 20 zurückgemeldet. Der Erste war, und zwar einen Tag, nachdem ich die Einladungen zur Post gebracht hatte, Onkel Horst. Onkel Horst ist einer jener Gäste, deren Absage mich, sagen wir mal so, nicht allzu heftig getroffen hätte. Kur. Oder Fortbildung. Von mir aus Nordic Walking im Allgäu. Hätte ich alles als Entschuldigung gelten lassen. Die Erfahrung lehrt jedoch, dass die Onkel Horsts dieser Welt niemals absagen.

Aus dem recht trägen Rücklauf zu schließen, dass wir ein Fest von überschaubarer Größe feiern werden, wäre vermutlich falsch. Auf die meisten Gäste trifft das Prinzip zu, nach dem sich Eltern, deren Kinder eine lange Autofahrt machen, keine Sorgen machen müssten, wenn sie nichts von ihnen hören – es aber trotzdem tun: Keine Nachrichten sind gute Nachrichten. Keine Nachricht heißt also: »Ich hatte keinen tödlichen Autounfall«, in unserem Fall: »Ich komme.«

Die pünktlichen Zu- und Absagen sind deshalb so wichtig für mich, weil ich mich einer der kompliziertesten Aufgaben der Hochzeitsplanung zugewandt habe, bei der neben mathematischen Fertigkeiten auch psychologisches und soziologisches Gespür gefragt ist: die Sitzordnung.

Es gibt solche Gäste, die würden neben Onkel Horst einen prächtigen Abend verleben. Und es gibt Gäste wie Johannes' Schwester. Johannes' Schwester wäre auch dann unzufrieden, wenn man sie neben, sagen wir, Gunter Sachs, platzieren würde. Irgendwann würde sie anklagend auf der Tanzfläche stehen, Johannes auf die Schulter tippen und sagen: »Gunter redet den ganzen Abend über experimentelle Fotografie, Andy Warhol und warum das mit Brigitte Bardot auseinanderging. Mir ist langweilig.«

Ich bin kein Anhänger des allzu übertriebenen Durchmischens einer Hochzeitsgesellschaft. Warum sollte man diejenigen trennen, die garantiert Spaß miteinander haben? Zumindest grob werde ich Grüppchenbildung forcieren und Verwandte und Freunde in zwei verschiedenen Lagern belassen. Meine Freundin Nina war neulich auf einer adligen Hochzeit in Mecklenburg-Vorpommern eingeladen. Dort gab es natürlich Tischherren und Tischdamen. Johannes' Familie ist zwar nicht adlig, aber begeistert vom Prinzip der Tischdamen und -herren. Das hat dazu geführt, dass ich in den vergangenen Jahren diverse Abende in Rotary Clubs neben grauhaarigen Männern in Uniform verbracht habe. Diese tranken viel harten Alkohol und unterrichteten mich wahlweise in Familiengeschichte oder schwärmten von der wahren Kameradschaft in schlagenden Verbindungen.

Deshalb konnte ich Ninas Kummer während der adligen Hochzeit nachvollziehen. Neben ihr saß ein feister junger Adliger, mit dem sie noch vor dem ersten Gang in Streit geriet, während sie mit ansehen musste, wie sich ihr Lebensabschnittsgefährte ein paar Tische weiter königlich amüsierte und kurz nach dem ersten Gang dazu überging, Herrengedecke für seinen Tisch zu ordern. Nina fühlte sich wegen der ihrer Ansicht nach misslungenen Sitzordnung um den Abend betrogen. Nein, so weit muss es nicht kommen. Wer Lust hat, Onkel Horst näher kennenzulernen, kann das immer noch wahlweise am Dessertbuffet, auf der Tanzfläche oder in der Raucherecke erledigen.

Kapitel 21
Der Junggesellinnen-
abschied

*I*ch behaupte seit ungefähr sechs Wochen ungefragt, bis zum Tag der Hochzeit weder Alkohol noch Nikotin konsumieren zu wollen. Sonntag früh wachte ich auf und fühlte mich, als sei eine Schnapsbrennerei in meinem Kopf explodiert. Zu meiner Verteidigung: Es gab einen guten Grund. Am Samstag war Junggesellinnenabschied. Ich hatte im Vorfeld klargestellt, was meinerseits nicht erwünscht ist. Im Groben waren das: Stripper jeglicher Variation; Spiele, bei denen ich aus einer Bierflasche trinken muss, die zwischen Männerbeinen steckt; Spiele, bei denen ich einen Bauchladen tragen und unbekannte Personen auf der Straße ansprechen muss; das Tragen eines bedruckten T-Shirts. Also im Großen und Ganzen unerwünscht: Demütigungen und Peinlichkeiten. Erwünscht: Alkoholtrinken. Im Sitzen.

Johannes fand, ich würde mich schon wieder wie ein blöder Kontrollfreak verhalten und damit meine Freundinnen vor den Kopf stoßen, die sich etwas Schönes für mich ausdenken wollten. Ach. Man kann halt nicht aus seiner Haut! Und außerdem habe ich auf mehreren amerikanischen Internetseiten zum Thema »Bachelorette Party Etiquette« von der goldenen Regel des Junggesellinnenabschieds gelesen: Erlaubt ist, was der Braut gefällt. Genau!

Johannes war vor seinem Junggesellenabschied im Vorfeld ein bisschen enttäuscht. Seine Freunde hatten nämlich angekündigt, einen »ganz soften« Abend zu planen. Dabei hatte sich Johannes schon so darauf gefreut, die Tabledance-Bars der Stadt von innen zu besichtigen. Johannes hält sich selbst für das Mastermind unter den Junggesellenabschiedsorganisatoren und hatte für den Junggesellenabschied seines Freundes Kai vor einigen Wochen zum Ringbahnsaufen geladen. Beim Ringbahnsaufen fährt man mit der S-Bahn im Kreis, entscheidet per Würfel, an welcher Haltestelle man aussteigt, und trinkt dann in der ersten Kneipe, auf die man trifft, Schnäpse. Ein Programmpunkt war an diesem Abend die Versteigerung von »Banging Bonita«, einer aufblasbaren Sexpuppe, die netterweise ich spendiert hatte. Ein Erotik-Discounter hatte in einer ausufernden Marketing-Aktion Pakete mit Sexspielzeug an sämtliche in der Medienbranche tätige Menschen verschickt, und so war eines dieser Pakete bei mir gelandet.

Ich weiß nicht, ob Männer beim Thema Junggesellenabschied lockerer sind als Frauen, ich jedenfalls bin offenbar zu verklemmt und hätte der Versteigerung von Banging Bonita nicht entspannt beiwohnen können, da bin ich mir sicher.

Alle Sorgen bezüglich meines eigenen Junggesellinnenabschieds stellten sich erfreulicherweise als unbegründet heraus. Ich verbrachte den Abend weitgehend im Sitzen. Die Bachelorette Party Etikette wurde voll bcrücksichtigt. Zunächst saßen wir in einem lauschigen Biergarten unter Apfelbäumen, aßen grobe Bratwürste und tranken Prosecco Aperol, dann gingen wir in eine kleine Bar, in der meine Freundin Leonie vor vielen Jahren am Samstagabend aufgelegt hatte. Leonie zog irgendwann für einige Jahren ins Ausland, und wir gingen am Samstag nicht mehr in die kleine Bar. An diesem Samstag war Leonie wieder da und spielte ungefähr zwanzig Mal meine Lieblingsplatte, ›The Burt Bacharach Italian Songbook‹, bis ein entnervter Gast Beschwerde einlegte.

Später, Alkohol mag eine Rolle gespielt haben, warf ich meine Prinzipien über Bord und drängte in eine Karaokebar. Viele Versionen von ›Stop! In The Name of Love‹ später trafen wir auf die Teilnehmer von Johannes' Parallelveranstaltung. Sie waren nicht, wie ich eigentlich vermutet hatte, bei Molly Luft, »Berlins dickster Prostituierter« (Eigenwerbung), die ihren Laden zwei Häuser neben unserer Wohnung hat, gelandet, sondern beim Minigolfspielen. Perfekt. Ab jetzt werde ich wirklich keinen Alkohol mehr trinken, auf faule Kohlenhydrate verzichten, jeden Tag heimlich mein Brautkleid anprobieren und die linke Augenbraue, die ich dummerweise neulich zur Hälfte amputiert habe, wachsen lassen. In zwei Wochen bin ich in Topform!

Kapitel 22
Der Ehevertrag

*M*eine Freundin Vero ist Juristin. Das heißt, sie macht sich Gedanken über Dinge, mit denen ich mich lieber nicht beschäftigen möchte. Sie hat mir dringend zu einem Ehevertrag geraten. Johannes sagte, als ich ihm davon erzählte: »Ach, Quatsch. Vero soll sich mal lockermachen.« Er möchte sich mit dem Thema auch nicht näher auseinandersetzen. Und, also bitte, ich muss mich zurzeit wirklich mit wichtigeren Fragen beschäftigen:

- Welche Duftnote sollen die Seifen auf den Toiletten der Feierörtlichkeit haben?
- Welche Farbe kriegt die Marzipanumrandung der Torte?
- Rehbraten oder Tafelspitz?
- Rosen oder Sommer-Wildblütenmischung?
- Walzer tanzen, obwohl keiner von beiden weiß, wie das geht?
- Reinweißes oder elfenbeinfarbenes Papier?
- Wie einen sonnengebräunten Teint bekommen bei all der Arbeit?

Vero machte sich nicht locker und skizzierte, um die Bedeutung eines Ehevertrags zu untermauern, ein lebensnahes Beispiel: »Stellen wir uns doch bloß mal vor, deine Eltern schenken dir eine Schloss-Neuschwanstein-ähnliche Villa am Starnberger See. Und ihr seid vor ein paar Wochen eingezogen in die hübsche Villa, und dann haut Johannes mit der Frau von Oliver Bierhoff ab – die Bierhoffs sind nämlich eure neuen Nachbarn am Starnberger See, und bei einem eurer zahlreichen Barbecues hat es zwischen den beiden gefunkt. Du bist natürlich

stinksauer und menschlich enttäuscht und willst nach der Scheidung schön in deiner schlossähnlichen Villa wohnen bleiben. Und dann – ›Achtung, Zugewinngemeinschaft!‹ – kommt heraus, dass Johannes die Hälfte vom Schloss Neuschwanstein zusteht, weil es ja euch beiden zusammen geschenkt wurde.«

Hm. Das wäre natürlich bitter, wenn ich mein Schloss nicht für mich alleine haben dürfte und Johannes sich feist ins Fäustchen lacht, weil er zu einer neuen Frau auch noch ein halbes Neuschwanstein dazukriegt. Da hat Vero schon recht.

Das Beispiel ist allerdings einen Tick zu weit weg von meiner aktuellen Lebenswirklichkeit. Ich kann mir im Moment nicht mal vorstellen, irgendwann über so viel Geld zu verfügen, dass eine Abbuchung von monatlich 100 Euro für die private Altersvorsorge nicht jedes Mal schmerzen würde. Geschweige denn, dass ich mal statt in einem brüchigen Altbau, der Küchenregale aus der Wand stürzen lässt, in einer Villa wohnen werde. Deswegen beschäftige ich mich in den nächsten fünf Wochen lieber weiterhin mit Marzipanbändern und Papierschattierungen. Alles andere hat Zeit, bis ich meine erste Villa geschenkt bekommen habe. Und jetzt muss ich auf den Balkon, braun werden.

Kapitel 23
Walzer-Crashkurs

In unserem Briefkasten lag ein Flyer der »Tanzschule
Traumtänzer«. Ich gehöre zu jenen Briefkastengängern, die alles, was Text enthält, nicht wegwerfen können, bevor sie es gelesen haben. Deshalb blättere ich jeden Discounter-Prospekt durch, um zu erfahren, dass das Kilo Schweinekamm für 2,99 Euro zu haben ist. Natürlich studierte ich den Flyer der Tanzschule. Und stieß auf den »Hochzeits-Crashkurs für verliebte Verlobte«.

Tanzkurse, das muss ich vorausschicken, sind auf meiner persönlichen Landkarte der schrecklichsten Freizeitaktivitäten im selben sumpfigen Gelände angesiedelt wie Nordic Walking und Hinterglasmalerei. Paare, die Tanzkurse besuchen, sind mir zutiefst suspekt. Auf Feiern erkennt man Tanzkurs-besuchende Paare ganz einfach: Es sind die beiden, die – ganz gleich welche Musik gerade läuft – militärisch mit der mühsam erlernten Schrittfolge übers Parkett mähen, ohne Rücksicht auf Verluste, während alle anderen lediglich versuchen, die Gliedmaßen im Takt schütteln. Rumba, Discofox, Cha-Cha-Cha, man sieht ihnen an, wie stolz sie sind, dass sie der gespannten Öffentlichkeit endlich zeigen können, was sie alles drauf haben. Wie eine Herde Wildpferde, die man nach Wochen wieder aus dem Stall lässt, toben sie sich aus. Grässlich.

In meiner Mädchenclique, wir waren so um die 16, war ich die Einzige, die sich erfolgreich vor einem Tanzkurs drückte, und ich finde, das habe ich richtig gemacht. Unsere örtliche Tanzschule – ein Ort des Grauens, was mir die Erzählungen derjenigen, die sich hineintrauten, bestätigten. Tanzschulen nehmen sich bezüglich ihrer Ausstattung nicht viel: Zur Ausstattung gehört in jedem Fall ein Tanzlehrer namens »Uwe« oder »Holger«, mit engen Hosen, weit offenem Hemd und Wespentaille, der einen verklemmten Haufen von pubertierenden Schülern oder Paaren, die Pep in ihre Beziehung bringen wollen, dazu animiert, sich hüftsteif am Discofox zu versuchen. Der Tanzkurs meiner Freundinnen endete wie jeder Schülertanzkurs mit einem Abschlussball, auf dem sie mit dem Vater ihres Tanzpartners tanzen mussten und bananenförmige Hochsteckfrisuren trugen, die sie fünfzehn Jahre älter machten.

Der einzige Tanz, den ich mag, ist Walzer: klassisch, elegant, nostalgisch. Statt modern, fetzig, flott. Der Jaguar unter den Tänzen. Nur müsste mir irgendjemand beibringen, den Jaguar zu fahren, vor der Hochzeit. Einen Hochzeitswalzer will ich nämlich tanzen, ich habe mir auch schon die Musik ausgesucht: einen Walzer von Schostakowitsch. Wie Johannes und ich das hinkriegen sollen mit dem Walzer, das habe ich mir noch nicht überlegt. Auf meinem Abiturball, als ich mit meinem Vater Walzer tanzte, ging das einigermaßen. Weil mein Vater seine Tanzpartnerinnen derart dominant übers Parkett schleudert, dass auch Damen mit steifer Hüfte eine exzellente Figur abgeben würden.

Nun, Johannes ist ein ebenso schlechter Tänzer wie ich. Und deshalb kam der Flyer von der Tanzschule im rich-

tigen Moment. Ich meldete uns für den Crashkurs für verliebte Verlobte an. Vier Stunden in sieben Tagen. Als wir
die Tanzschule Traumtänzer betraten, wusste ich: Meine
nicht gelebte Tanzkursvergangenheit, sie hatte mich eingeholt: eine Bar, viel lilafarbenes Licht, eine dauergewell-
te Kellnerin, und durch eine Sichtscheibe konnte man in
einen Spiegelsaal blicken, in dem mittelalte Paare Tango
übten. Unser Tanzlehrer Björn verfügte über eine Taille, | 111
die ich mit meinen Fingern umschließen könnte, trug
höchstens Schuhgröße 38 und lotste uns durch den Spiegelsaal, uns und vier weitere Paare, die sich verdruckst ge-
grüßt hatten.

Björn sagte, man dürfe sich nicht überfordern, und
statt eines schnellen Walzers, wie mein Schostakowitsch-
Walzer, würde er was Langsames vorschlagen, wunder-
schön. Er legte eine CD ein, und dann sang Andrea
Bocelli. Björn begann, Schritte vorzumachen. Einer Elfe
gleich wirbelte Björn sein Körperchen durch den Saal.
Johannes und ich wirkten neben Björns Elfenkörper wie
zwei Elefanten, die tumb und grobschlächtig über den
Holzboden walzten. Meine Laune war im Keller. Ich war
jemand geworden, der ich nie sein wollte: eine Tanzstun-
den nehmende Paarhälfte, die schwerfällig zu Andrea
Bocelli tanzt. Ich konnte Johannes ansehen, dass auch er
nach Fluchtwegen suchte.

Als Björn in die Hände klatschte und sagte: »Prima, das
war's für heute, bis nächste Woche«, wussten wir: Der
Crashkurs würde ab sofort zwei verliebte Verlobte weniger verkraften müssen.

Kapitel 24
Bloß nicht den
Text vergessen

$\mathcal{N}$eulich war ich im Media Markt. An sich schon schlimm
genug, aber ich war im Media Markt im »Alexa«. Wer das
Alexa kennt, weiß, was ich meine. Das Alexa ist eine riesen-
große, rosafarbene Architekturunverschämtheit am Berliner
Alexanderplatz. Berlin, ohnehin ein Paradies für Liebhaber
von Einkaufszentren, hat mit dem Alexa den Einkaufszen-
trum-Olymp erklommen. Im Alexa mussten wir nach einem
Kaffee-Vollautomaten suchen, den ein Onkel von Johannes
uns zur Hochzeit schenken will, weil er nicht einsehen mag,
dass wir lieber Geld haben wollen.

Elektronikfachmarkt-Besuche sind für mich fast noch
schlimmer als Baumarkt-Besuche, vor allem, wenn ich
mir die Gänge vom Elektronikfachmarkt mit ungefähr
tausend anderen Menschen teilen muss, die so sind, wie
man sich Leute gemeinhin vorstellt, die sich Samstag,
später Vormittag, Sonnenschein, gerne in den neonlicht-
grellen Gängen vom Alexa, Nähe Alexanderplatz, he-
rumtreiben.

Zu allem Übel bestand Johannes darauf, vor der Kaf-
feevollautomaten-Abteilung die Flachbildschirmfernse-
her-Abteilung aufzusuchen. Nur mal so zur Information.
Einen Überblick bekommen. Die Flachbildschirmfernse-
her-Abteilung ist ein Irrgarten unerfüllter Sehnsüchte für
junge Männer, die, ich sagte es bereits, Samstagvormittag,

Sonnenschein, lieber im Elektronikfachmarkt weilen, statt im Biergarten das erste Weizen zu bestellen. Während Johannes im Dickicht von Full-HD-LCD-TVs und Plasmagedöns verschwand, schlurfte ich ziellos dumpfen Schrittes durch die Gänge mit dem blauen Teppich, und – konnte mein Glück nicht fassen:

Auf einem kleinen, zumindest im Angeberumfeld der HD-LCD-Abteilung eher unscheinbaren Flachbildschirm lief die kirchliche Trauung von Udo Brinkmann und Schwester Elke! Aus der Schwarzwaldklinik! Ich kam genau im richtigen Moment dazu, nämlich als die beiden ihr Traugelübde sprachen, genau wie ich es plane.

Ich wollte nämlich eigentlich nur »Ja« sagen in der Kirche, aus Nervositätsgründen. Unser Pfarrer ließ in einem Nebensatz jedoch fallen, dass es schon schöner sei, wenn das Brautpaar sich aktiv zur Ehe bekenne, anstatt nur nachzusprechen. Mein Ehrgeiz war geweckt, und weil ich selbstverständlich nicht aus einem Buch, das der Pfarrer einem hinhält, ablesen will, bin ich schon seit Wochen dabei, mein Traugelübde auswendig zu lernen. Jeden Tag mehrmals gehe ich die Sätze im Geiste durch. Für Johannes habe ich das Traugelübde in Arial 18 ausgedruckt und kleine Striche dahin gemacht, wo eine Betonung ist. »Mann, bist du ein Freak«, hatte Johannes da gemurmelt.

Udo Brinkmann und Schwester Elke jedenfalls sprechen ebenfalls auswendig und wirken dabei sehr feierlich. Bestimmt weinen in den Bänken gerade alle. Ich bin auch sehr bewegt und forme mit den Lippen nach »... dich lieben, achten und ehren, alle Tage meines Lebens ...«

Von mir unbemerkt ist Johannes aus dem Plasma-Inferno wieder aufgetaucht und steht plötzlich neben mir und guckt erst den Flachbildschirm und dann mich mit einer Mischung aus Belustigung und Peinlichberührtsein von der Seite an. Dann sagt er: »Mann, bist du ein Freak.«

Als ich später bei den Kaffeevollautomaten stehe und warte, während ein Elektronikfachmarkt-Mitarbeiter mit einem Puderzuckerstreuer ein Herz aus Kakao auf den Probe-Cappuccino stäubt, denke ich darüber nach, ob ich vielleicht lieber darauf verzichten sollte, vor der Hochzeit darauf zu bestehen, Johannes' Gelübde abzufragen.

Ich glaube, er würde nicht gut reagieren.

Kapitel 25
Finale!
Das große Fest und
das große Nichts danach

*I*ch weiß jetzt, was ich vorher gehofft und mir so ge-
wünscht hatte: Heiraten ist nicht nur stressig, sondern
macht glücklich. Und Heiraten ist verdammt aufregend.
Als ich am Morgen unserer Hochzeit aufwachte, fühlte
ich mich, als hätte ich am Nachmittag die letzte Chance, mein Jura-Staatsexamen zu bestehen und müsste vorher noch eine Rede im Bundestag halten und den Lkw-
Führerschein machen. Ärgerlicherweise kam ich zu spät
in die Kirche – weil Johannes spontan beschloss, sich in
der Früh im Hotelzimmer von meiner Stylistin eine neue
Frisur verpassen zu lassen. Das brachte ihr Zeitkonzept
ziemlich ins Wanken. Am Ende wurde auch sie ein bisschen nervös, was sie zu kompensieren versuchte, indem
sie mir ständig mit einem Kajalstift auf die Schulter
klopfte und »kein Grund zur Panik, kein Grund zur Panik« murmelte. Vor lauter Nervosität verhedderte sie sich
ständig in meiner Flechtfrisur, die am Ende etwas zerrupft
aussah. Als wir dann endlich im Auto saßen, flog uns die
Blumengirlande, die ich extra last minute bei einem Laden namens ›Nettis Blumenversand‹ im Internet bestellt
hatte, um die Ohren. Und zwar auf einer vierspurigen
Straße, was dazu führte, dass unser Auto mit Warnblink-
anlage auf der Straße stand und der Fahrer unter Einsatz
seines Lebens Nettis Blumengirlande wieder einsammel-

te. Dann fiel uns auf, dass eigentlich keiner im Auto den Weg zur Kirche so richtig kannte – ich war bisher immer mit der U-Bahn hingefahren. Das alles führte dazu, dass ich, einen bodenlangen Schleier hinter mir herzerrend, in die Kirche rannte.

In den Tagen vor der Hochzeit hatte ich überraschend eine Zen-Mentalität entwickelt und war die Ruhe selbst. Ich kann mir selber nicht erklären, warum. Das passt gar nicht zu mir. Ich hatte vorher in einigen Brautforen recherchiert und mit den Stichwörtern »Pannen« und »Hochzeit« nach möglichen Desastern gesucht. Der Erlebnisbericht einer Teilnehmerin: »Meine blöde Schwester ist nach dem Friseurbesuch mit ihrer Föhnfrisur durch den Regen nach Hause gelaufen und sah aus wie Arsch auf Eimer. Und mein beklopptes Schwiegermonster wollte schon um fünf Uhr mit unserer Tochter nach Hause, weil sie keinen Bock auf die Feier hatte, und hat durchgehend gemeckert, die Kleine müsste nach Hause, obwohl die sich pudelwohl gefühlt hat. Irgendwann habe ich einfach geschrien: Kann vielleicht irgendjemand diese Frau hier wegbringen? Dann ist sie endlich weg, ich kann sie nicht mehr ertragen!« Hm. Muss der Stress gewesen sein.

Dank Zen konnte ich großzügig darüber hinwegsehen, dass Johannes sein Traugelübde trotz Arial 18 und unterstrichener Betonungen natürlich nicht auswendig konnte. Ich gab in der Kirche ein bisschen den Streber. Nachdem Johannes erleichtert die Zeilen aus einem Buch, das ihm der Pfarrer hinhielt, ablas, schaute ich demonstrativ weg, als er mir auch sein Buch hinhielt, und sagte mein Sprüchlein auswendig auf. Alle anderen Sorgen waren unbegründet. Alle sind satt geworden. Eine Freundin, die schon einmal dort gefeiert hatte, wo wir feierten, hatte vor recht übersichtlichen Portionen gewarnt. Deshalb hatten wir in einem zähen Ringen größere Portionen durchgeboxt – für den Rehbraten musste am Ende pro Gast ein kleines bis mittleres Reh sein Leben lassen.

Mein Vater hat eine wundervolle Rede ohne ein einziges Saint-Exupéry-Zitat gehalten. Wir haben getanzt, bis es hell wurde. Jetzt bin ich immer noch verkatert. Und sehr glücklich. Ich habe die schönste Party meines Lebens gefeiert. Mit allen Menschen, die uns wichtig sind.

Seit dem Tag danach habe ich allerdings eine große Sorge: Dieses große schwarze Loch, in das ich zielsicher stürzen werde. Ich habe ein Jahr lang meine Wochenenden in Kirchen, Landgasthöfen und Schlössern, auf Pfarrer-Sofas, in Brautmodegeschäften, Druckereien, Blumenläden, Konditoreien, Elektronikfachmärkten und Brautforen verbracht, habe mehrere Kilo Papier mit Notizen gefüllt, Excel-Tabellen angelegt. Jetzt fühle ich mich wie nach der Fußball-Weltmeisterschaft 2006: Plötzlich alles vorbei – dabei war es doch so schön! Ich glaube, Sportler, die ihre Karriere beendet haben, wissen, was ich meine. Leute, die aus dem Bundestag ausscheiden oder mal Bundeskanzler waren und jetzt was anderes machen müssen, auch. Neulich habe ich ein Interview mit Michael Schumacher gelesen. Es ging um das Loch nach dem Karriere-Ende. Michael Schumacher behauptete, es gehe ihm prima. So ab und zu ein Motorradrennen auf der Harley, mit der Familie frühstücken, ein bisschen auf Corinnas Reiterhof herumhängen, echt super sei das. Corinna hat nämlich eine eigene

Ranch und will, dass Michael mit Reining anfängt, das ist, wie ich lesen konnte, die Dressur des Westernreitens. Vielleicht fange ich auch mit Reining an. Oder mit einem anderen Hobby. Irgendwie muss man sich ja beschäftigen. Hier eine kleine Liste mit Projekten, die ich mir vorstellen könnte:

- mal schauen, ob im Vorstand eines osteuropäischen Gaskonzerns noch ein Plätzchen für mich aufzutreiben ist
- Fußball-Experte bei ARD oder ZDF
- irgendwas mit Kochen im Fernsehen
- mich bei »Let's Dance!« bewerben
- eine Compilation veröffentlichen
- das Programm der örtlichen VHS besorgen

Davor werde ich Geschenke auspacken; ich werde mir überlegen, wie ich das scheußliche, mit pseudoromanischer Malerei versehene Terrakottageschirr, das uns eine Freundin meiner Mutter geschenkt hat, dezent loswerde; ich werde mir außerdem überlegen, ob es eine dauerhafte Lösung darstellt, das selbst gemalte Bild von Tante Dorothee immer nur dann aufzuhängen, wenn sie uns besucht; Fotos anschauen; wehmütig werden, dass alles so schnell vorbei war; und mich darüber freuen, dass unsere Hochzeit ein so großartiges Fest geworden ist.

Zum Abschied werde ich jetzt noch aus Johannes' Hochzeitsrede klauen. Die hörte auf mit einem Fußball-Zitat von Andreas Brehme, auf das Johannes sich den ganzen Abend gefreut hatte: »Ich sage nur ein Wort: Vielen Dank!«

Epilog

*J*etzt kann ich es ja verraten: Einmal während der Hochzeitsplanung, da bin ich zum heulenden, überforderten
Geburtstagskind geworden, das auf der eigenen Party aus-
rastet. Nämlich am Tag der standesamtlichen Hochzeit, die
ein paar Wochen vor der kirchlichen stattfand. Johannes'
Trauzeuge hatte vor dem Standesamt vergessen, den mit-
gebrachten Reis zu werfen, und zog unverrichteter Dinge
mit zwei Päckchen Himalaya-Basmatireis weiter. Am Abend
hatten wir eine Party bei uns zu Hause gefeiert. Irgendwann,
als es draußen schon hell wurde, die meisten Gäste gegangen
waren und ich schon im Bett lag, kamen Johannes und die
üblichen Verdächtigen seiner Freunde, die keine Party vor
neun Uhr morgens verlassen, auf die Idee, den Champagner,
den wir geschenkt bekommen hatten, zu trinken, weil das
Bier alle war. Und dann fiel Johannes' Trauzeuge ein, dass er
das mit dem Reiswerfen ja jetzt nachholen könnte. Das Geräusch der auf Dielenboden herabprasselnden Reiskörner
war wie Folter. Ich gebe zu, da habe ich vor Wut und wahrscheinlich auch aus Erschöpfung angefangen, ein bisschen
zu heulen. Die nächsten Tage verbrachten Johannes und ich
damit, mit Zahnbürsten Himalaya-Basmatireis aus Dielen-
ritzen zu entfernen.

Ansonsten habe ich die Hochzeit und die Monate der
Vorbereitung in erfreulicher Erinnerung. Es waren schöne,

aber auch ganz schön anstrengende Monate. Im Februar, gut ein halbes Jahr nach unserer Hochzeit, es war ein besonders trüber und gemeiner Februar, dachten Johannes und ich wehmütig an die schönen Sommertage am Badeweiher zurück. Bis uns plötzlich auffiel: Welcher Badeweiher? Wann eigentlich? Diese Badeaufenthalte hatten im Jahr unserer Hochzeit gar nicht stattgefunden. Es musste doch zumindest vereinzelte Biergartenbesuche gegeben haben! Aber die Erinnerung an derlei Freizeitaktivitäten kam nicht wieder, so sehr wir auch in unserem Gedächtnis wühlten. Alles, was wir zutage förderten, waren Standesamt-, Brautkleidgeschäft-, Juwelier-, Copyshop- und Druckereibesuche. Dazu Probe-Essen, Probe-Druck, Probe-Make-up, Probe-Frisur, Probe-Kirchgang … wann hätte man da bitte schön in den Biergarten gehen sollen?

Nach einem badeseefreien Sommer und unserer Hochzeit sind wir in die Flitterwochen gefahren, weit weg, ans Meer. Zum Glück, denn ich hätte mir nichts Schlimmeres vorstellen können, als nach diesem Tag, auf den wir fast ein Jahr hingelebt hatten, sofort wieder im Büro zu sitzen, als wäre nichts passiert. Eine interessante Frage übrigens: Was ist eigentlich passiert?

Seit der Hochzeit fragt mich niemand mehr: »Und, wie geht's?«, sondern die neue Smalltalkfrage lautet: »Und, wie ist das Leben so als Ehefrau?« oder »Und, wie fühlt es sich so an, verheiratet zu sein?« Ich antworte dann stets: Genauso wie vorher. Und das stimmt. Verheiratet zu sein fühlt sich nicht anders an als unverheiratet zu sein. Nur schöner. Wenn ich meinen hübschen schmalen goldenen Ring anschaue, den ich auch nicht abnehme, wenn ich mit den Händen im Weihnachtsplätzchenteig wühle, dann bin ich ganz entzückt darüber, dass Johannes jetzt ganz fest zu mir gehört und ich zu ihm.

Was ein bisschen schwierig ist: Ich kriege es nicht fertig, »mein Mann« zu sagen, wenn ich von Johannes spreche. Ich komme mir dann sehr alt vor. Und ich habe Angst, dass mein Gegenüber nicht wirklich denkt, ich spräche von meinem Ehemann (weil ich ja noch so jung und unverheiratet aussehe), sondern annimmt, ich würde mit »mein Mann« eigentlich »mein Freund« meinen. So wie manche Frauen »mein Kerl« oder »mein Männe« sagen. Furchtbar. Im Moment rede ich daher kaum von Johannes.

Was auch neu ist: Wenn der andere nicht das macht, was man will (Gummibärchen aus dem Kühlschrank holen; auf das perfekte Promi-Dinner schalten, wenn noch ›Tatort‹ läuft; den Milchaufschäumer nicht sofort nach Gebrauch in heißem Spülwasser einweichen usw.), oder gemein ist (wenn Johannes etwa behauptet, ich würde mit meinem neuen Augenbrauenstift aussehen wie das böse Baby bei den Simpsons), dann benutzen wir unsere neue Lieblingsdrohung: »Ich lass mich scheiden.« Und finden es faszinierend, dass wir jetzt so einen Satz sagen können – wir sind ein richtiges Ehepaar. Das hat auch seine Tücken. Manche Sätze gewinnen nämlich erheblich an Schrecken, wenn »meine Freundin« durch »meine Frau« ersetzt wird. Johannes erzählt, dass er manchmal im Büro seiner Tasche Obst entnimmt und sagt: »Ach, meine Frau hat mir wieder einen Apfel mitgegeben«, um mich in Abwesenheit zu ärgern.

Und wenn ich mal Kuchen gebacken habe und Johannes etwas davon ins Büro mitnimmt, muss ich den schlimmen Gedanken von mir wegschieben, dass irgendwann der

Satz fällt: »Den hat meine Frau gebacken.« Faszinierend, wie ein einziges Wort einen Satz um Jahre altern lassen kann. Ich denke, daran werde ich mich noch gewöhnen.

An unsere Hochzeit denke ich oft zurück, ein bisschen wehmütig, weil auf einmal alles so schnell vorbei war. Manchmal besuche ich mein Hochzeitskleid. Ich habe es mit Lavendel akupunktiert, gegen Motten, und es hängt in meinem alten Kinderzimmer, zu Hause bei meinen Eltern. Wenn ich zu Besuch bin, öffne ich den Kleidersack und streiche über den Stoff. Und bin dann gleichzeitig traurig und froh, dass ich es wohl nie wieder anziehen werde.